Fit für die Schule mit

FamilienErgo®

Ein Kompetenztraining für Kinder von 4½ bis 7 Jahren.

Dr. med. Rupert Dernick

Mit Illustrationen von Werner „Tiki" Küstenmacher

Das schrieb eine Schulrektorin zu FamilienErgo:

Seit vielen Jahren stellen meine Kolleginnen und ich fest, dass die Alltags-kompetenzen von Grundschulkindern immer mehr abnehmen. Wenn wir mit den Eltern darüber sprechen, werden wir meistens von ihnen gefragt, was sie denn machen können, um ihr Kind "alltagstauglicher" zu erziehen. FamilienErgo von Dr. Dernick gibt uns jetzt die Möglichkeit, Eltern äußerst wichtige Hilfestellungen an die Hand zu geben, die ihnen einen Weg aufzeigen, ihr Kind gut auf die Anforderungen in der Schule und auf das selbstständige Leben vorzubereiten.
Ursula Adam, Rektorin der Grundschule Voslapp in Wilhelmshaven

Dr. med. Rupert Dernick, Jahrgang 1964, ist seit 1996 als niedergelassener Kinderarzt in Wilhelmshaven tätig. Er ist verheiratet und hat 3 Töchter.

NEU!
FamilienErgo ist auch in türkischer und russischer Sprache verfügbar!

Bestellung unter:

FamilienErgo
Bismarckstraße 7
26441 Jever

E-Mail: bestellung@familienergo.de
Fax: 0 44 61 / 74 33 61
www.FamilienErgo.de

Preis: 3 €

FamilienErgo ©Dr. Rupert Dernick 2005

Für alle Eltern,
die ihrem Kind einen guten Schulstart wünschen.
Und für alle Kinder,
die froh sind, wenn man ihnen etwas zutraut.

Geleitwort

von Eckhard Ziegler-Kirbach,
Kinderarzt und Ergotherapeut

Jedes Kind ist ein Unternehmer, es unternimmt ständig etwas. Aber es ist noch nicht selbstständig und braucht (mindestens) einen Manager, der geeignete Aufgaben auswählt, einteilt, Entscheidungen vorbereitet und es zu neuen Erfahrungen führt. Kinder wollen dabei sein, da wo das Leben sich abspielt, im Familienalltag. Dies ist der Raum der FamilienErgo, um Fertigkeiten und Geschick zu üben, Selbstsicherheit zu erlangen und gemeinsame Erfolge zu erleben. Dr. Dernick gibt viele wertvolle Hinweise für allgemeine und gezielte Förderung im häuslichen Alltag. Durch die FamilienErgo werden Eltern ermutigt, den natürlichen Unternehmer- und Forscherdrang ihres Kindes zu unterstützen und es sicher auf dem Weg in die Schule zu fördern und begleiten.

© 2005 Dr. med. Rupert Dernick. 8. Auflage 2007
Illustrationen: Werner TiKi Küstenmacher (Bestsellerautor „simplify your life")
Covergestaltung: Katharina Pohl-Dernick
Gesamtherstellung: Heiber Druck & Verlag

Ich-kann-das-schon-Leuchtsterne

Die Leuchtsterne wurden durch die MitarbeiterInnen der GPS-Werkstätten Wilhelmshaven konfektioniert.

Inhalt:

Weiterführende Literatur:

Petra Küspert: Neue Strategien gegen Legasthenie, ObersteBrink (2003) €17,80
Jesper Juul: Das kompetente Kind, Rowohlt Tb (2003) € 8,90

Danksagung

FamilienErgo ist in einer Familie entstanden: Meine Frau hat den Begriff FamilienErgo erfunden und unsere Töchter haben mich überzeugt, dass es der ganzen Familie gut tut, wenn man Kindern etwas zutraut. ErzieherInnen und GrundschullehrerInnen aus Friedeburg und Reepsholt haben mir die Ergebnisse ihres Arbeitskreises „Schulvoraussetzungen" zur Verfügung gestellt. ErgotherapeutInnen haben mich an Ihrer Sichtweise teilhaben lassen. Meinem Praxiskollegen Dirk Steingrüber verdanke ich viele anregende Diskusionen. Der Kinderarzt und Ergotherapeut E. Ziegler-Kirbach hat das Manuskript Korrektur gelesen und viele Ideen eingebracht.

Für ihr Engagement bei der Durchführung der Studie danke ich den 17 Grundschullehrerinnen, der Schulbehörde Weser-Ems, den Arzthelferinnen unserer Praxis sowie den teilnehmenden Eltern.

Wissenschaftliche Untersuchung

In der KiKAPS-Studie (**Ki**ndliche **Ka**mpetenz im **A**lltag als **P**rädiktor für den **S**chulerfolg) wurden die Eltern von 373 Kindern zwischen 4 ½ und 7 ½ Jahren zur Alltagskompetenz ihrer Kinder befragt. Dabei zeigten sich große Unterschiede im Ausmaß der Einbeziehung von Kindern in verschiedenen Alltagstätigkeiten.

Die häufigsten Gründe, Kinder *nicht* mit einzubeziehen, waren nach Angaben der Eltern: „Es geht schneller, es alleine zu tun" und „Es hat sich noch nicht ergeben, das Kind dazu anzuleiten".

Als die Alltagskompetenz von 250 Schulanfängern mit der Lehrereinschätzung nach den ersten sechs Schulwochen verglichen wurde, bestätigte die Studie, dass alltagskompetente Kinder auch bessere Lernvoraussetzungen hatten, und zwar unabhängig von der Schulbildung der Eltern. FamilienErgo kann also dazu beitragen, die Lernvoraussetzung von Kindern aller sozialer Schichten zu verbessern.

Die Studie wurde in Kooperation mit Herrn Prof. G. Esser und Frau S. Lange vom Institut für Klinische Psychologie der Universität Potsdam ausgewertet. Nach Veröffentlichung wird eine zusammenfassung der Studienergebnisse auf www.FamilienErgo.de zum Download eingestellt.

FamilienErgo – wofür?

Liebe Eltern,

fragen Sie sich manchmal, wie Sie Ihr Kind optimal auf die Schule vorbereiten können? Wie es lernen kann, aufmerksam zuzuhören, alle seine Sinne zu nutzen und selbstbewusst seinen Platz zu finden?

Natürlich leistet der Kindergarten einen wichtigen Beitrag dazu. Wenn Sie selbst aber auch etwas tun möchten, kann Ihnen FamilienErgo einen Weg zeigen. Alles was Sie dafür brauchen sind

o heute 20 Minuten, um die Seiten 6-13 zu lesen
o in den nächsten Wochen täglich ein paar Minuten und
o ein wenig Zutrauen in die Lernfähigkeit Ihres Kindes.

Das Kompetenztraining FamilienErgo beruht auf den Erkenntnissen der Wahrnehmungsforschung und macht ergotherapeutische Erfolgsmethoden für Sie zu Hause nutzbar.

Machen Sie einen kleinen Test: Welche der folgenden Tätigkeiten kann Ihr Kind schon selbständig ausführen? (Auswertung nächste Seite)

Im Supermarkt einkaufen	O ja	O teilweise	O nein
Tisch decken	O ja	O teilweise	O nein
Abwaschen/Abtrocknen	O ja	O teilweise	O nein
Gespültes korrekt wegräumen	O ja	O teilweise	O nein
Gemüse schälen und schneiden	O ja	O teilweise	O nein
Socken und Unterwäsche legen	O ja	O teilweise	O nein
Eine Nachricht am Telefon übermitteln	O ja	O teilweise	O nein

Vielleicht erscheint Ihnen als Familienmanagerln die Erledigung dieser Tätigkeiten banal. Aber gerade diese Alltäglichkeiten fördern die für einen erfolgreichen Schulstart erforderlichen Kompetenzen in Wahrnehmung und Motorik. Die wichtigste Person in der Förderung Ihres Kindes sind Sie! Schritt für Schritt lernt es von Ihnen. Beginnen Sie direkt mit Tag 0, heute, und freuen Sie sich darauf, wie Ihr Kind aufblüht, wenn Sie ihm etwas mehr zutrauen und wie glücklich es ist, wenn es spürt, dass es sich mit seinen Fähigkeiten nützlich machen kann.

FamilienErgo ©Dr. Rupert Dernick 2005

Weitere Hilfen

Elternschulungen

In keinem Beruf gibt es so wenig Aus – und Fortbildung wie im Elternberuf. Das ändert sich jetzt durch die immer populärer werdenden Elternschulungen. Sie vermitteln Handwerkszeug und Gesprächstile, zeigen auf, wie man bei Problemen anders, besser, passender reagieren kann. Die Frage ist nicht: wie macht man es richtig, sondern: welcher Weg passt zu mir und unserer Familie um ein Nein zu sagen oder mit Aggressionen umzugehen? Elternschulungen sind eine Schatztruhe für mehr gemeinsame Freude in der Familie. Es gibt Sie mittlerweile fast überall, oft kosten sie weniger als ein Monatskindergeld, bei vielen gemeinnützigen Anbietern werden Familien mit geringem Einkommen die Kosten ganz oder teilweise erlassen.

Anbieter der Elternschulungen sind Volkshochschulen, Familienbildungsstätten, Erziehungsberatungsstellen, gemeinnützige Organisationen (AWO, Kinderschutzbund, usw.) Sozialpädiatrische Zentren und viele mehr. Ihre Ärztin oder Ihr Arzt kann Ihnen sicher eine Adresse in Ihrer Nähe nennen.

Einige Beispiele für bundesweit verbreitete Elternschulungsprogramme (es gibt auch viele erfolgreiche regionale Schulungen):

Starke Eltern – Starke Kinder
Deutscher Kinderschutzbund, Tel. 0511-30485-0, www.starkeeltern-starkekinder.de

KESS (kooperativ, ermutigend, sozial, situationsorientiert)
Arbeitsgemeinschaft für katholische Familienbildung e.V., Tel. 0228/37 18 77
www.kess-erziehen.de

STEP (Systematic Training für Effective Parenting),
STEP Elterntraining Hotline 01805 - 366367 (12ct/Min), www.instep-online.de

Triple P – das positive Erziehungsprogramm,
Triple P Deutschland, Tel. 0251 – 518941, www.triplep.de

Gordon Familientraining www.gordonmodell.de

Im Kapitel „Mit FamilienErgo zum Ziel" (S. 14) finden Sie eine von GrundschullehrerInnen und ErzieherInnen erstellte Liste über wichtige Lernvoraussetzungen – und wie diese durch FamilienErgo gefördert werden.

Das Kapitel „FamilienErgo im Detail" (S. 16) ist gedacht für Eltern von Kindern, bei denen eine so genannte Wahrnehmungsstörung diagnostiziert worden ist oder vermutet wird. Dort können Sie nachschlagen, was Sie selbst zur Förderung und Entwicklung Ihres Kindes beitragen können.

Viel Erfolg mit dem Training und einen guten Schulstart wünscht Ihnen

Dr. Rupert Dernick

Testauswertung von Seite 4:

5 – 7 „Ja" - Antworten

Ihr Kind ist außerordentlich kompetent. Schenken Sie diese Broschüre jemandem, der Sie nötiger braucht. Geben Sie Ihrem Kind weiter Gelegenheit; seine Fertigkeiten zu üben und sehen Sie seine Mithilfe nicht als selbstverständlich an.

1 – 4 „Ja" - Antworten

Sie haben die Selbständigkeitsentwicklung Ihres Kindes schon erfolgreich unterstützt. Sie können aus dem Training Anregungen beziehen, welche Kompetenzen Ihr Kind vielleicht noch entwickeln oder verbessern kann. Aber bitte ohne falschen Ehrgeiz: Kein Kind muss alles können! FamilienErgo ist eine Lebenseinstellung und keine Liste, die bis ins Letzte abgearbeitet werden muss um bei „Deutschland sucht die Super-Eltern" auf Rang 1 zu landen.

1 – 7 „Teilweise" – Antworten

Aller Anfang ist schwer. Aber jeder kleine Erfolg ist der Motor für den nächsten Schritt. Für Sie und Ihr Kind wurde FamilienErgo entwickelt. Gehen Sie Schritt für Schritt vor, um Ihr Kind zu fördern ohne es zu überfördern.

6 – 7 „Nein" - Antworten

Sicher gibt es gute Gründe dafür, dass Ihr Kind bisher keine der genannten Alltagskompetenzen erworben hat. Machen Sie sich die Gründe dafür bewusst. Falls Sie etwas daran ändern wollen: Fangen Sie gleich damit an.

---

	duschen, Haare waschen, eincremen, Zähne putzen (aber danach kontrollieren) Bei Schwierigkeiten: Anziehtraining mit der **„Anziehstraße":** Kleidung wird immer in der gleichen Reihenfolge auf den Boden gelegt. Woche für Woche soll das Kind immer ein Kleidungsstück mehr alleine anziehen, bis es die ganze Straße schafft. Außerdem: siehe Fein- und Grobmotorik.
Jede aktive Bewegung ist Selbstwahrnehmung – daher Zeiten ohne Bewegung (TV, Auto) kurz halten!	
Kraftdosierung	Umrühren, eingießen, Ei aufschlagen, Eier trennen. Alleine anziehen lassen.
Räumliche Orientierung	Nachhauseweg finden (s. Einkaufen), im Supermarkt Waren finden, Geschirr zurückräumen, Tisch decken.
Serialität (zeitlicher Ablauf)	Auditiv: mehrere Dinge im Supermarkt nacheinander holen. Visuell: Tisch immer in der gleichen Reihenfolge decken: erst Teller, dann Messer usw.
Taktil-Kinästhetische Wahrnehmung	s. Feinmotorik.
Visumotorik ○ Figur-Hintergrund ○ Raum-Lage	Passende Socken im Korb suchen Tisch decken, Geschirr in Spülmaschine einräumen.
Vestibuläre Wahrnehmung	Kind für Arbeiten am Tisch auf kleinen Tritthocker stellen (verbessert das Gefühl für eigenen Stand und reduziert Zappeligkeit) Eine Zimmerschaukel in den Türrahmen hängen. Zu Fuß zum Einkaufen gehen und dabei auf Mäuerchen oder Kantstein balancieren lassen. Roller und Fahrrad fahren.

FamilienErgo Schritt für Schritt

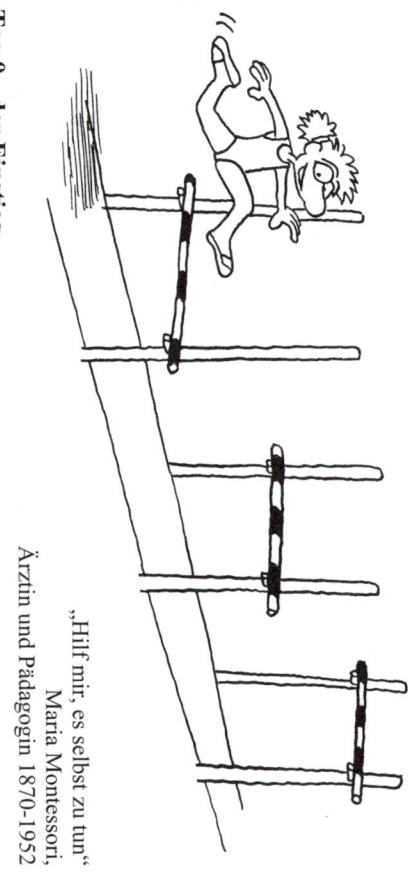

„Hilf mir, es selbst zu tun"
Maria Montessori,
Ärztin und Pädagogin 1870-1952

Tag 0 – der Einstieg

Sie haben sich entschlossen, Ihrem Kind wichtige Dinge für sein Leben zu zeigen: Das ist gut so.

Sehen Sie sich die 7 Tätigkeitsbereiche an, in denen Ihr Kind im Alltag seine Fähigkeiten üben kann: Wählen Sie eine Tätigkeit aus, in der Sie denken, dass es Interesse daran hat und es Ihm Freude machen könnte. Vielleicht wollte Ihr Kind schon mal beim Gemüse schneiden oder beim Einkaufen helfen, aber Sie hatten Angst, dass es sich verletzen oder verloren gehen könnte. Wählen Sie dann zum Beispiel zuerst „Gemüse schälen und schneiden". (Seite 11)

Tag 1

Bitten Sie Ihr Kind, Ihnen zu helfen. Betonen Sie, dass Sie ihr/ihm das zutrauen. Sagen Sie zum Beispiel: "Du bist jetzt schon so groß, dass du mir wohl beim Essen kochen helfen kannst"; oder: "So geschickt, wie du GameBoy spielst, müsstest du eigentlich auch schon Gurke schneiden können – Komm, ich zeig es Dir".

Erledigen Sie die Arbeit mit dem Kind gemeinsam, schalten Sie Störungen (Radio, Fernseher, Telefon) aus, damit sich ihr Kind konzentrieren kann. Zeigen Sie ihr/ihm den Anfang; lassen Sie Ihr Kind dann selbst probieren. Loben Sie das Bemühen – bewerten Sie nicht das Ergebnis. Selbst wenn Ihr Kind schon nach einer viel zu dicken Gurkenscheibe aufgibt, sagen Sie: Das

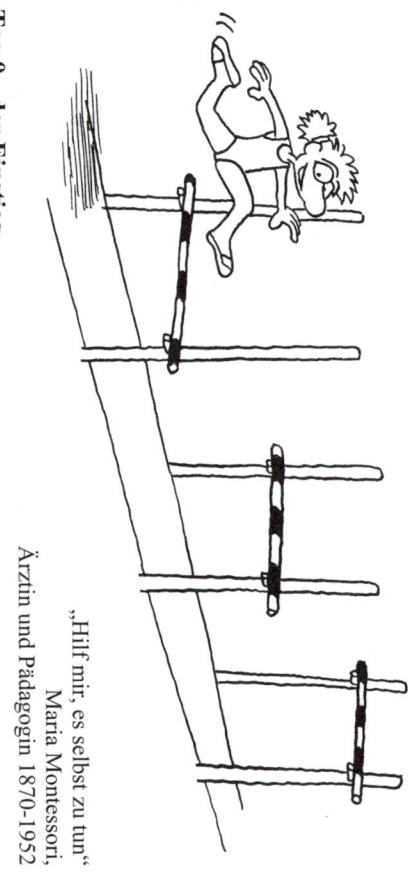

Händigkeit	Nur Ihr Kind kann spüren, ob es Rechts- oder Linkshänder ist: Gelegenheit dazu hat es bei: Gemüse Schälen und schneiden, abwaschen, Brot schmieren. Beim Tischdecken: Bechergriff und Besteck immer erstmal nach rechts, das erleichtert die Orientierung – aber Ihr Kind darf und soll natürlich auch alles mit links versuchen.
Gedächtnis	Socken, Wäsche, Geschirr und Besteck an den richtigen Platz zurückbringen, Einkaufen. Familiennamen, Adresse, Wohnort, eigene Telefonnummer nach und nach auswendig lernen. Bei Gedächtnisschwäche (Kind kann sich z.B. Farben schlecht merken): <u>Nicht</u> üben und abfragen (das beschämt Ihr Kind möglicherweise), sondern die Dinge beim Namen nennen, sobald sie auftauchen: „Möchtest du grünes Waldmeistereis oder braunes Schoko?" Besonders leicht merken wir uns Dinge, wenn Sie mit positiven Erfahrungen verknüpft sind, z.B. auch beim Spiel (Memory etc.).
Kognition (Begreifen von Gesetzmäßigkeiten)	Sockenpaare suchen, Wäsche sortieren, Müll trennen, Abgespültes wegräumen. Im Gegensatz zu klugen Fernsehsendungen kann Ihr Kind bei diesen Dingen etwas anfassen und be-greifen.
Konzentration und Ausdauer	Wenn Ihr Kind eine Tätigkeit kann, loben Sie es besonders, wenn es eine Sache vollständig zu Ende gebracht hat! Einkaufen schult die Konzentration inmitten von Ablenkungen. Hilfe: Ihr Kind sagt sich die Dinge, die es suchen soll, pausenlos selber auf (z.B. „Honig und grünes Spüli, Honig und grünes Spüli,...")
Körperwahrnehmung	Immer alleine anziehen lassen – auch die Socken. Reißverschluss und Schleife üben. Alleine

war fürs erste Mal schon sehr gut – vielen Dank. Nachher/morgen kannst du mir wieder helfen.

Tag 2

Bitten Sie Ihr Kind, Ihnen wieder zu helfen. Loben Sie sein Bemühen, und wenn es winzigste Fortschritte gibt, auch diese: „Prima, das geht ja noch besser als gestern".

Tag 3 bis Tag X

wie Tag 2

Tag X: Der erste „Ich-kann-das-schon"-Stern

Irgendwann hat Ihr Kind die erste Gurke geschält und geschnitten, kann sein Brötchen selber schmieren und vielleicht sogar einen Apfel zerteilen. Damit hat es alle Tätigkeiten der Erfolgskontrolle (grüner Kasten, Seite 12) bewältigt. Schenken Sie ihm einen Leuchtstern aus dem Anhang als Anerkennung für seine Mühe und Hilfe. Lassen Sie Ihr Kind einen Leuchtstern aussuchen und hängen Sie ihn gemeinsam über seinem Bett auf. Warten Sie auf die Frage, wofür denn die anderen Sterne sind. Sagen Sie ihm, dass das „Ich-kann-das-schon"-Sterne sind und bieten Sie ihm an, Ihnen ab morgen (zum Beispiel) beim Einkaufen zu helfen, und einen weiteren Stern dafür zu bekommen. Wählen Sie für den ersten und zweiten Stern auf jeden Fall etwas, von dem Sie vermuten, dass Ihr Kind das gerne macht und kann, damit es vor allem eine gute Portion von dem bekommt, was jede Entwicklung beflügelt: Erfolg!

Die nächste Tätigkeit – der nächste Leuchtstern

Beginnen Sie wie an Tag 1 mit dem kleinsten Schritt, den ihr Kind bewältigen kann. In dem Beispiel wäre jetzt Einkaufen dran und Sie geben ihrem Kind im Supermarkt den Auftrag, eines seiner Lieblingsnahrungsmittel zu suchen und

---

Auditive Wahrnehmung - Hilfen bei Dysgrammatismus und Dyslalie „Socke in Ssank ich tu"	Auch dies können Sie ganz nebenbei trainieren. Korrigieren Sie nicht – wiederholen Sie korrekt als Zeichen, dass Sie Ihr Kind verstanden haben „Du legst jetzt die Socken in den Schrank – prima!"
Auditive Wahrnehmung - auditiver Speicher	Nachrichten telefonisch weitergeben und Inhalt eines Telefonats wiedergeben. Dem Kind zuhören „was hast du heute erlebt?" Buch vorlesen und darüber sprechen, z.B. „Warum hat Conny sich das Bein gebrochen?"
Auditive Wahrnehmung - phonologische Bewusstheit (Reime und Laute erkennen)	Gemeinsam singen (evtl. auch im Auto zur Cassette /CD). Spielanregungen dazu gibt es in dem Buch „Neue Strategien gegen Legasthenie" von P. Küspert.
Feinmotorik	Gemüse schälen und schneiden (erstmal mit Gemüseschäler). Wäscheklammern benutzen. Abwaschen, abtrocknen, Brot schmieren, Besteck benutzen. Knöpfe schließen, Schleife statt Klettschuhe. Schrauben, hämmern, schmirgeln, feilen, reparieren, kleben, schneiden.
Graphomotorik	Schenken Sie ihrem Kind als Belohnung Straßenmalkreide für draußen oder Tafel und Kreide für drinnen.
Grobmotorik	Fegen mit Besen, Handfeger und Schaufel. Schwimmen gehen, Spielplatz besuchen, Fahrrad und Roller fahren.
Handlungsplanung	Dies wird durch den folgerichtigen Handlungsablauf bei allen FamilienErgo-Tätigkeiten „automatisch" gelernt. Wichtig: Mitmachen ist besser als Vormachen.

im eigenen Wagen/Korb zur Kasse zu bringen. Steigern Sie in den nächsten Wochen langsam den Schwierigkeitsgrad. Vergeben Sie einen Leuchtstern, wenn ihr Kind im Bereich „Einkaufen" (Seite 9) alle Punkte der Erfolgskontrolle beherrscht oder wenn Ihr Kind alles im Bereich seiner jetzigen Möglichkeiten gelernt hat.

Und so geht es weiter

Mit Absicht gibt es nur 6 Sterne für 7 Tätigkeitsbereiche. Kein Kind muss alles können, da Schwächen in einem Bereich durch Stärken kompensiert werden können. Die Verbesserung der Eltern - Kind – Beziehung durch FamilienErgo wird dafür sorgen, dass Ihr Kind von alleine auch andere Dinge von Ihnen lernen möchte ohne eine Hilfepunktliste zu bekommen, da die größte Belohnung ja die Stärkung des Selbstbewusstseins durch das Können ist.

Und auf die Dauer?

Behalten Sie gute Angewohnheiten bei und beziehen Sie Ihr Kind weiter mit ein, denn erst die Wiederholung macht souverän. Wahrscheinlich sinkt die Motivation ihres Kindes dabei – das ist ganz natürlich. Hängen Sie in der Küche eine Hilfepunktliste auf. Vergeben Sie Punkte für Mithilfe. Vereinbaren Sie vorher eine Wunschliste mit Ihrem Kind – Eis essen - Schwimmbadbesuch - Computerspiel – abends Fernsehen usw., und wie viel Punkte es dafür braucht. Diese Punkte dürfen natürlich bei Fehlverhalten oder Wutausbrüchen nicht angetastet werden!

o Gehen Sie nur schrittweise vor – jeder Schritt der FamilienErgo ist so konzipiert, dass er - für sich genommen - leicht fällt.
o Loben Sie kleinste Fortschritte.
o Gehen Sie erst dann zur nächsten Stufe, wenn Ihr Kind den ersten Schritt sicher beherrscht. Ihr Kind bestimmt das Tempo – nicht die Vorstellung Anderer.
o Achten Sie auf eine positive Grundstimmung. Versuchen Sie keine FamilienErgo, wenn Sie gerade „sauer" auf ihr Kind sind. Dabei würde die FamilienErgo zur Strafarbeit und Ihre positive Botschaft „Das traue ich dir zu" würde gar nicht richtig ankommen.

Und wenn Sie nach dieser Aufzählung denken: „Leicht gesagt, aber schwer getan" – suchen Sie sich Hilfe bei einer der immer populärer werdenden Elternschulungen (Adressen auf Seite 21) oder den örtlichen Erziehungsberatungsstellen, die Sie in jeder Stadt und Gemeinde kostenlos nutzen können.

In der nachfolgenden Gegenüberstellung finden Sie zu jedem Wahrnehmungsbereich Hinweise, womit dieser besonders trainiert werden kann. Bevor Sie sich jedoch auf ein vermeintliches Defizit ihres Kindes stürzen beginnen Sie FamilienErgo - wie beschrieben – in zwei Kompetenzbereichen, in denen Ihr Kind vermutlich rasch Erfolg haben wird. Erst der dritte „Das-kann-ich-schon-alleine"-Stern darf für Dinge vergeben werden, die Ihrem Kind größere Mühe abverlangen.

Teilbereich/Störung	Fördermöglichkeiten
Auditive Wahrnehmung - akustische Ablenkbarkeit	Beim Einkaufen Waren suchen lassen. Dabei genau beschreiben, wonach das Kind suchen soll
.	Bei Schwierigkeiten: Hinhocken, Kind an den Oberarmen fassen – ansehen – nur einen Auftrag geben – loben.
Auditive Wahrnehmung - Sprachwahrnehmung	Diese fördern Sie automatisch, wenn Sie etwas mit Ihrem Kind tun, gezielte Anweisungen geben und zeigen: „Leg die Socken in den Schrank" – „Fass das Messer weiter hinten an" – und es kann im Tun be-greifen, was die Worte „in", „hinten", „weiter" usw. bedeuten.

FamilienErgo konkret

> „Es gibt nichts Gutes,
> außer: man tut es"
> Erich Kästner

Die 7 Tätigkeitsbereiche
1. Einkaufen

Geben Sie Ihrem Kind seinen eigenen Einkaufswagen/Korb und sagen Sie, was es eigenständig suchen soll – am besten seine Lieblingsnahrungsmittel. Erst eine Sache zur Zeit, dann auf zwei bis drei Aufträge steigern. Wenn Sie oder Ihr Kind ängstlich sind, lassen Sie es zunächst nur Dinge in dem Gang suchen, in dem Sie sich gerade befinden. An der Kasse legt Ihr Kind die Dinge aufs Band und bezahlt möglichst selbst, das regt den Umgang mit Zahlen an.

Tipp: Als Belohnung darf Ihr Kind auf dem Nachhauseweg „Chefpilot" sein und Sie nach Hause lotsen - zunächst ab der Ecke zu ihrer Straße, dann eine immer größere Strecke, bis es schließlich den ganzen Weg alleine findet.

> **Erfolgskontrolle Einkaufen:**
> o kann sich einen Auftrag merken
> o kann sich zwei Aufträge merken
> o kann sich drei Aufträge merken
> o traut sich, zu bezahlen
> o geht selbst zum Bäcker oder Kiosk „um die Ecke" (sofern Sie das vom Straßenverkehr her verantworten können)
> o findet den Weg nach Hause

2. Tisch decken

Steigern Sie die Anforderungen je nach den Fähigkeiten des Kindes in dieser Reihenfolge, so dass Ihr Kind Erfolg hat:
○ überlegen, wer mitisst – Personen abzählen, erst an Fingern, dann im Kopf
○ entsprechende Zahl von Tellern, Bechern, Besteck heraussuchen lassen (pfiffige Köpfe dürfen auch selbst raten: „Was brauchen wir wohl für Suppe oder Spaghetti...")
○ Teller und Besteck in der richtigen räumlichen Anordnung platzieren (Teller an die Tischkante vor den Stuhl, Besteck rechts davon, Becher schräg rechts außen, Griff immer nach rechts – dies benachteiligt zwar

---

FamilienErgo im Detail

Gezielte Hilfe bei Wahrnehmungsstörungen

> „Ergotherapie ist zu großen Teilen Lernen und Üben durch sinnvolles Handeln"
> E. Ziegler-Kirbach, Kinderarzt und Ergotherapeut

Seit einigen Jahren gibt es einen regelrechten Boom an so genannten Wahrnehmungsstörungen in Deutschland. Unklar ist, ob die Kinder tatsächlich immer auffälliger werden oder ob durch immer umfangreichere Testungen nur jetzt Dinge für krankhaft erklärt werden, die man früher als persönliche Stärken und Schwächen aufgefasst hat.

Sicher ist nur, dass ein Test alleine keine Auskunft darüber gibt, ob Ihr Kind krank oder gestört ist oder ob es die getesteten Fertigkeiten einfach noch nicht genug geübt hat (weil es vielleicht noch gar keine Möglichkeit dazu hatte).

Falls bei Ihrem Kind der Verdacht auf eine Wahrnehmungsstörung geäußert worden ist, so dürfen Sie darauf vertrauen, dass das menschliche Gehirn auf Lernen durch Üben programmiert ist. Natürlich hat jeder Mensch Stärken und Schwächen, also Bereiche, in denen er rasch lernt oder geschickter wird und Bereiche, in denen das Lernen schwer fällt. Aber es gibt keine Schwäche oder Störung, die nicht durch Üben trainiert werden könnte. Üben führt besonders dann zum Entwicklungsfortschritt, wenn es
○ regelmäßig erfolgt (FamilienErgo enthält daher nur Tätigkeiten, die im täglichen Leben regelmäßig vorkommen) und
○ von Erfolg, Anerkennung und Nutzen begleitet ist.

Um unnötige Frustrationen zu vermeiden, können Sie daher beim Üben schwieriger Dinge die Strategie erfolgreicher Therapeuten beherzigen:

○ Setzen Sie in dem Bereich, wo Ihr Kind dazulernen soll, ihre Erwartungshaltung erst mal auf „Null".
○ Lösen Sie sich von vergleichenden Gedanken – jedes Kind ist einzigartig!
○ Werfen Sie Schuldballast ab – z.B. das Gefühl, bisher etwas versäumt zu haben. Es ist nie zu spät, etwas zu lernen (sonst könnte ja niemand im Erwachsenenalter so etwas Kompliziertes wie Auto fahren lernen).

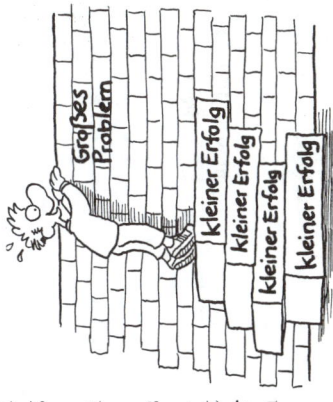

eventuelle Linkshänder in der Familie, sorgt aber für Klarheit. Wenn Ihr Kind später Probleme mit „b" und „d" haben sollte, können Sie ihm mit dem Spruch „Der Bauch wie beim Becher ist das „b" leicht eine Eselsbrücke bauen.

Tipp: wenn Ihr Kind Schwierigkeiten damit hat, sich die richtige Anordnung zu merken, dann schneiden Sie aus Pappe oder Papier Geschirr und Besteck aus und heften diese in der richtigen Anordnung mit Magneten an eine Pinnwand – dies entspricht übrigens der Situation des Abschreibens von der Tafel.

Erfolgskontrolle Tisch decken:
o zählt Personen an den Fingern ab
o zählt Personen im Kopf ab
o zählt Teller etc. korrekt ab
o weiß meist, was benötigt wird
o stellt Geschirr/ Besteck korrekt hin

3. Spülmaschine ausräumen oder Gespültes wegräumen

Das ist richtig knifflig! Sich merken, wo all die verschiedenen Dinge hingehören, besonders, wenn z.B. keine Gläser mehr im Regal sind und man nicht durch Vergleichen, sondern nur durch Erinnern auf den richtigen Platz kommt. Wer das trainiert, wird ohne Probleme das richtige Heft im Ranzen finden und sich die Hausaufgaben einprägen können. Erwarten Sie am Anfang nicht zu viel – diese Aufgabe kann in der Regel erst nach vielen, vielen Wiederholungen gemeistert werden.

Tipp: Wenn Ihr Kind noch klein ist und die Oberschränke nur mit waghalsigen Klettertouren erreichen kann, beginnen Sie mit dem Besteck, eventuell in Form eines kleinen Wettrennens: „Du räumst das Besteck weg und ich den Rest". Ein kleiner Stehhocker verbessert die Übersicht und erhöht die Motivation ihres Kindes.

Erfolgskontrolle Gespültes wegräumen:
o Besteck richtig wegräumen
o Geschirr richtig wegräumen
o Gläser richtig wegräumen
o Kochutensilien und Töpfe richtig wegräumen
o Spülmaschine ausräumen oder Abwasch komplett <u>alleine</u> wegräumen

Schulischer Kompetenzbereich	Kann trainiert werden durch
Auditive Wahrnehmung* 1. Erkennen von Tönen*, 2. Genau hinhören können* 3. Aufforderungen anhören und befolgen*	1. Telefon finden lassen. 2. siehe S. 17/18 auditive Wahrnehmung. 3. Klare Anweisungen geben und das Kind wiederholen lassen, was es tun soll.
Selbständigkeit*	Einkaufen, Tisch decken, Telefonieren. Jeden Tag selbst Anziehen – bei Problemen Anziehtraining mit der Anziehstraße (S. 20).
Sprachfähigkeit* (Gedanken in Sätzen ausdrücken)	Sprechen Sie mit ihrem Kind, während Sie etwas gemeinsam tun. Verständliche Sprache ist wichtiger als korrekte Aussprache – daher: bei Fehlern nicht verbessern, sondern einfach richtig wiederholen – als Zeichen, dass Sie Ihr Kind verstanden haben.
Belastbarkeit, und Ausdauer*	Loben Sie ihr Kind besonders, wenn es eine Tätigkeit vollständig zu Ende gebracht hat. Gehen Sie schon vor der Schule soviel mit ihrem Kind zu Fuß, dass es nicht schon vom Schulweg oder vom Spielen in den Pausen erschöpft ist.
Orientierung* 1. zeitlich* und 2. räumlich*	1. Tisch decken (vor allem, wenn Sie Ihrem Kind eine immer gleiche Abfolge zeigen (erst die Teller, dann die Messer usw.) 2. Den Heimweg finden lassen.
Gruppenfähigkeit	Diese Fähigkeiten sind nur im Alltag im sozialen Miteinander zu lernen. Ihr Kind sollte daher mindestens 2 Jahre vor der Schule einen Kindergarten besuchen. Sollten Ihnen Grenzziehungen zu Hause schwer fallen, dann gibt ein Elterntraining Unterstützung, Adressen s. S. 21.
Grobmotorik	Wird vor allem geübt auf dem Spielplatz, beim Toben drinnen und draußen, beim Schwimmen, Kinderturnen usw.

Mit FamilienErgo zum Ziel

„Nicht für das Leben, sondern für die Schule lernen wir" Seneca

Was muss ein Kind vor der Schule können?

Ein Arbeitskreis aus ErzieherInnen und GrundschullehrerInnen hat sich lange mit dieser Frage beschäftigt und eine Liste von Fähigkeiten und Voraussetzungen erarbeitet. Es ist schon erstaunlich zu sehen, dass die normale Entwicklung eines Kindes in der Regel alle diese Fähigkeiten ohne gezielte Förderung hervorbringt. Allerdings wird kaum ein Kind in allen diesen Dingen perfekt sein, und das ist gut so – die Natur hat es so vorgesehen, dass alle Menschen Stärken und Schwächen haben.

In der nachfolgenden Gegenüberstellung finden Sie links die schulischen Kompetenzbereiche. Mit einem Stern * versehen sind die Kompetenzen, die durch FamilienErgo erlernt oder verbessert werden können. In der rechten Tabellenspalte finden Sie dann die Tätigkeiten, die diese Kompetenz trainieren. Manche Dinge, wie z.B. Rücksicht in der Gruppe, können natürlich nur in einer Gruppe (in der Regel der Kindergartengruppe) erlernt werden.

Beim Lesen der Liste werden Sie rasch feststellen: Ein Kindergartenbesuch und die Dinge, die Sie Ihrem Kind mit FamilienErgo beibringen können - vielleicht ergänzt durch ein Vorschulheft oder eine Kinderturngruppe – geben Ihrem Kind alles, was es für die Schule braucht.

Schulischer Kompetenzbereich	Kann trainiert werden durch
Visuelle Wahrnehmung*: Unterscheidung von Mengen*, Größen*, Farben*, Formen*, Erfassen der Formkonstanz*, Figur-Hintergrund-Wahrnehmung*	Sockenpaare suchen und sortieren. Tisch decken, Geschirr in die richtigen Schränke räumen, Besteck sortieren. Wäsche legen und sortieren.
Feinmotorik*	Gemüse schälen und schneiden. Abwaschen, Abtrocknen.
Selbstsicherheit*	wird durch das gesamte FamilienErgo Training vermittelt

FamilienErgo ©Dr. Rupert Dernick 2005

4. Abwaschen – Abtrocknen

Sobald Ihr Kind auf einem Stehhocker bis ins Waschbecken reichen kann und in eine Schürze passt, kann es auch Abwaschen. Dies ist anfangs allerdings nur dann eine echte Hilfe, wenn Sie danach sowieso die Küche wischen wollten. Aber wo sonst kann ein Kind so gut das Zusammenspiel der Hände und den richtigen Druck in den Fingerspitzen lernen, den es später zum Schreiben braucht? Erfolgskontrolle eingeschlossen. Wasser und Schaum motivieren ungeheuer. Und natürlich das Lob für die kleinen Schritte zur großen Hilfe. Abtrocknen schult übrigens die gleichen Fähigkeiten.

Erfolgskontrolle Abwaschen – Abtrocknen:
○ Plastikschüsseln abwaschen
○ Besteck abwaschen
○ Geschirr abwaschen
○ Plastikschüsseln abtrocknen
○ Besteck abtrocknen
○ Geschirr abtrocknen

5. Gemüse schälen und schneiden, Essen zubereiten

Aller Anfang ist schwer. Gehen Sie Schritt für Schritt vor, wie in der Anleitung auf Seite 6 (Tag 1) beschrieben.

Bei Tisch lassen Sie Ihr Kind das Brot schmieren – am Leichtesten geht Margarine auf Brötchen, dann langsam bis zu Nougat-Creme oder Erdnussbutter steigern.

Satt werden ist das erste Ziel, Sauberkeit erst das zweite!

Tipp: Ihr Kind isst kein Gemüse? Dann lassen Sie es erstmal den Ketchup-Dip kreieren:3 Esslöffel Dickmilch oder Miracel Whip und soviel Ketchup, bis die Farbe stimmt, ein bisschen Salz, Pfeffer und evtl. Senf dazu und immer wieder probieren lassen. Anstelle des Probierfingers eine Gurkenscheibe oder ein Stück Möhre oder Paprika nehmen (damit der Speichel den Dip nicht zur Suppe werden lässt). Und dann irgendwann den Sparschäler und die Gurke in die Hand drücken: „Jetzt versuch du mal".

FamilienErgo ©Dr. Rupert Dernick 2005

Erfolgskontrolle Obst + Gemüse schneiden und schälen:

○ Dip mischen
○ Gemüse schälen
○ Gemüse schneiden
○ Apfel essfertig schneiden (für Fortgeschrittene)
○ Brötchen mit Margarine schmieren

6. Wäsche aufhängen und legen

Im Zeitalter des Trockners ist Wäsche aufhängen aus der Mode gekommen. Aber auch Geschirr- und Badetücher müssen trocknen, und diese über eine Leine oder Stange zu hängen erfordert eine Menge Ganzkörperkoordination. Der Gebrauch von Wäscheklammern ist ein Spezialtraining für den richtigen Stiftdruck, gönnen Sie Ihrem Kind diese wichtige Erfahrung.

Wäsche legen :
Sockenpaare finden, nach der Größe, Form und Farbe auf den Besitzer schließen, Socken und Unterwäsche nach Besitzern auf Stapel sortieren. Dann abzählen: Wer hat die meisten Socken oder Unterhosen? Wäsche in die richtige Schublade legen. Handtücher in der Mitte falten. Wer das kann, braucht vor Mathe keine Angst zu haben.

Erfolgskontrolle Wäsche aufhängen und legen:

○ Jacke auf Bügel hängen
○ Handtücher aufhängen
○ andere Wäsche aufhängen
○ Wäsche aufhängen
○ Wäscheklammern benutzen
○ Sockenpaare finden
○ Socken zu Besitzern zuordnen
○ bis 10 zählen
○ Handtücher falten
○ Wäsche in den Schrank bringen

7. Telefonieren – Telefonat annehmen

Das Telefonieren ist das Training fürs Zuhören. Üben Sie mit Ihrem Kind schrittweise, was es noch nicht kann: Telefon am Klingeln erkennen und finden
- Hörer abnehmen - erst sprechen, wenn der Hörer am Mund ist - deutlich mit vollem Namen melden – abwarten, wer sich meldet und zuhören, was der andere will. Lassen Sie sich eine kurze Rückmeldung geben „Mama, Onkel Gerd ist dran und möchte dich sprechen" oder „Es ist Denise – für mich"

Beim Anrufen lassen Sie Ihr Kind selbst wählen: Erst die Nummer Zahl für Zahl nennen „sechs – null- null – zwei - sieben", dann Zweiergruppen „sechs – nullnull - zweisieben", dann vollständig. Verwenden Sie möglichst keine Kurzwahltasten. Üben Sie den Gesprächsbeginn: Abwarten, wer sich meldet – mit eigenem Namen melden – evtl. richtigen Gesprächspartner verlangen – dann erst Nachricht übermitteln. Geben Sie Ihrem Kind am Anfang nur kurze Aufträge (z.B. „Sag Oma, wir kommen erst um fünf") und lassen Sie sich die Antwort wiedergeben.
Alle diese Dinge üben Sie das, wovon viele Schulanfänger zuwenig haben: Die Fähigkeit, zu warten, bis der andere ausgesprochen hat und das Gesagte wiederholen können.

Erfolgskontrolle Telefonieren:

○ Telefon orten
○ Namen deutlich nennen
○ Wunsch des Anrufers erkennen
○ Einzelziffern wählen
○ Ziffern in Zweiergruppen wählen
○ Nummer aus dem Kopf wählen
○ Kurze Nachrichten übermitteln
○ Gesprächsinhalt wiedergeben
○ Verabredung telefonisch treffen

Vielleicht sind Ihnen beim Lesen eigene Dinge eingefallen, bei denen Sie Ihr Kind mit einbeziehen können. Etwa beim Handwerken oder Reparieren. Sie merken bald: Die Förderung kindlicher Kompetenz ist eine Lebenseinstellung, die Ihrem Kind Selbständigkeit und Selbstbewusstsein verleiht.

Hinweise für die Veranstalter des Elternkurses

„Fit für den Alltag – Fit für die Schule"

Für die Durchführung des Elternkurses benötigen Sie:

1. Das Manual zur Eltern-Schulung "... Eltern sein dagegen sehr" von Rüdiger Penthin, JUVENTA-Verlag, ISBN 3-7799-0374-1. Sie erhalten dass Manual zum Preis von 39,- € im Buchhandel. Es berechtigt zur Durchführung der Elternschulung "... Eltern sein dagegen sehr" und zur Nutzung der Kopiervorlagen.

2. Die CD "Fit für den Alltag – fit für die Schule", die alle zusätzlichen Materialien enthält, die für die Durchführung der Elternschulung erforderlich sind. Dies sind:

    a. Die PowerPoint Präsentation **Schulvorbereitung fängt heute an.ppt**. Mit dieser Präsentation (Dauer: 30 bis 45 Minuten) können sie einen Informationselternabend, z.B. im Kindergarten veranstalten, indem sie auf die Wichtigkeit der Alltagskompetenz von Kindern hinweisen und das Elterntraining anbieten. Sie können die Präsentation mit PC und Beamer vorführen oder sich Overheadfolien ausdrucken (eine genaue Anleitung finden Sie in **FFA-FFS Tipps zur Vorführung der Präsentation.doc**)

    b. Das Informations-Merkblatt **FFA-FFS Flyer Elternkurs.doc**
    Dieses können Sie nach den eigenen Erfordernissen bearbeiten und z.B. ein eigenes Logo einfügen. Die Preisangabe von 80 € für Einzelpersonen und 120 € für Paare soll als Orientierungshilfe für eine Gruppe von 10 bis 12 Kursteilnehmern dienen. Für ein Sponsoring als Präventivmaßnahme kommen Krankenkassen und lokale Präventionräte sowie Familienbildungsstätten etc. in Betracht.

    c. Die modifizierten Gruppensitzungen **Elternkurs Gruppensitzung 1a.doc** und **Elternkurs Gruppensitzung 3a.doc**
    Für die Elternschulung „Fit für den Alltag – Fit für die Schule" wurde die erste Gruppensitzung modifiziert (Gruppensitzung 1a) und eine Gruppensitzung 3a. eingefügt, bei der das FamilienErgo Training im Mittelpunkt steht. Die Elternschulung sollte in der Reihenfolge 1a-2-3-3a-4-5 durchlaufen werden. In der siebten und achten Sitzung kann der Gruppenleiter auf die Wünsche der Teilnehmer eingehen und zwei der Gruppensitzungen 6 bis 9 (aus dem Manual „... Eltern sein dagegen sehr")durchführen. Alternativ können in diesen Sitzungen auch konkrete Probleme bei der Umsetzung von FamilienErgo und den bisherigen Trainingseinheiten besprochen werden.
    Ab der Sitzung 3a sollen die Teilnehmer nach jeder Sitzung auch zu Hause eine kleine Aufgabe aus dem FamilienErgo Programm umsetzen. Beim Besprechen der Hausaufgaben am Beginn jeder Sitzung sollen auch die Fortschritte und Schwierigkeiten hierbei abgefragt und thematisiert werden.

3. Für jeden Teilnehmer eine Broschüre **Fit für die Schule mit FamilienErgo®**, zu beziehen unter www.FamilienErgo.de (auch in türkischer und russischer Sprache erhältlich).

Zur Einführung in die Elternschulung werden Seminare von Dr. Rüdiger Penthin angeboten und auf der Homepage www.FFA-FFS.de angekündigt.

Nun wünschen wir Ihnen viel Freude und Erfolg bei der Durchführung der Elternschulung.

Im Januar 2007

Dr. Rüdiger Penthin
Bahnhofstr. 39 A
24217 Schönberg
r.penthin@t-online.de

Dr. Rupert Dernick
Bismarckstr. 7
26441 Jever
Dernick@FFA-FFS.de

Bestellschein für FamilienErgo Broschüren

per Fax an 04461/743361

Hiermit bestelle ich:

Menge	Artikel	Einzelpreis	Gesamtpreis
●	Broschüren FamilienErgo deutsch	3,00 €	
	Broschüren FamilienErgo russisch	4,50 €	
	Broschüren FamilienErgo türkisch	4,50 €	
	Porto und Verpackung	3 - 6 Broschüren: 2,00€	
		7 - 20 Broschüren: 3,00€	
		21-49 Broschüren: 4,50€	
		Ab 50 Broschüren: frei	
Mindestbestellmenge: 3 Stück Einzelhefte nur online **www.FamilienErgo.de**		**Gesamtsumme:**	

Lieferadresse und Kundennummer (falls vorhanden):

●

_____

Datum, Unterschrift, ggf. Stempel

Bezahlung **nach Erhalt** der Broschüren per Überweisung

▶ Dr. med. Rupert Dernick   ▶ Bismarckstr. 7   ▶ 26441 Jever
▶ www.FamilienErgo.de   ▶ email: Bestellung@familienergo.de

Rüdiger Penthin
... Eltern sein dagegen sehr

Pädagogisches Training

Rüdiger Penthin

... Eltern sein dagegen sehr

Konzepte und Arbeitsmaterialien
zur pädagogischen Elternschulung

Unter Mitarbeit von Astrid Thams

2., überarbeitete Auflage 2004

Juventa Verlag Weinheim und München

Die AutorInnen

Rüdiger Penthin, Jg. 1959, Dr. med., ist Kinder- und Jugendarzt und Psychotherapeut in eigener Praxis. Er ist Lehrbeauftragter an der Universität Kiel und Mitbegründer der Elternwerkstatt Probstei in Schönberg/Holstein, einer familienbildenden Einrichtung.

Astrid Thams, Jg. 1968, Dipl.-Sozialpädagogin, ist Mitbegründerin und ehemalige Teamleiterin der Elternwerkstatt Probstei in Schönberg/Holstein.

Anschrift des Verfassers:
Dr. Rüdiger Penthin
Kinder- und Jugendarzt
Psychotherapie
Bahnhofstraße 39a
24217 Schönberg/Holstein
E-Mail r.penthin@t-online.de

Bibliografische Information Der Deutschen Bibliothek
Die Deutsche Bibliothek verzeichnet diese Publikation in der Deutschen Nationalbibliografie; detaillierte bibliografische Daten sind im Internet über http://dnb.ddb.de abrufbar.

© 2001 Juventa Verlag Weinheim und München
Umschlaggestaltung: Atelier Warminski, 63654 Büdingen
Umschlagabbildung: Wilhelm Busch, Der kleine Pepi mit der neuen Hose

Printed in Germany

ISBN 3-7799-0374-1

Vorwort zur zweiten Auflage

1999 begann ich zusammen mit Dipl. Soz. Päd. Astrid Thams im Rahmen der „Elternwerkstatt Probstei" pädagogische Elternkurse durchzuführen, mit dem Ziel, Eltern dabei zu unterstützen, gelassener, friedfertiger aber auch (mit fairen Methoden) konsequenter grenzsetzend mit ihren Kindern umzugehen, in der Überzeugung, dass sich über diesen Weg in unserer Gesellschaft langfristig Gewalt vermindern und demokratische Grundhaltungen stärken lassen. Denn die Fähigkeit zu Toleranz, Respekt vor dem Anderen und Demokratie wird in früher Kindheit in der Familie entwickelt. Im Jahre 2001 veröffentlichten wir unser Konzept, welches auf den bis dahin gesammelten Erfahrungen und Erkenntnissen aus der wissenschaftlichen Literatur basierte als „...Eltern sein dagegen sehr". Im Jahr 2002 wurde auf der Basis dieser Veröffentlichung und z.T. auch Einflüssen aus den Elternkursen des Kreises Nordfriesland in Zusammenarbeit mit verschiedenen Familienberatungsinstitutionen und dem Jugendamt des Kreises Plön ein Konzept für die „Elternkurse im Kreis Plön" erarbeitet, welches kreisweit eine einheitliche Kursstruktur anbietet. Die bisherigen Erfahrungen mit diesem Projekt stimmen optimistisch. Unabhängig von den Elternkursen des Kreises Plön, habe ich das Manual „...Eltern sein dagegen sehr" überarbeitet und erweitert. Die Effektivität dieses überarbeiteten Konzeptes wird z.Zt. bei Familien mit und ohne ADHS-Problematik überprüft. Im Unterschied zu anderen Elterntrainings habe ich versucht, in „...Eltern sein dagegen sehr" einerseits sowohl die Vermittlung und Erarbeitung wissenschaftlich etablierter Handlungsmöglichkeiten für Eltern aufzugreifen, andererseits aber ein Setting zu schaffen, in dem viel Raum für den Austausch über die persönlichen Erfahrungen und Sorgen der Eltern besteht und in dem der Möglichkeit zur Probehandlung im Rollenspiel ausgiebig Beachtung geschenkt wird. Außerdem lässt dieses Konzept m.E. genügend Freiraum zur individuellen Gestaltung, ohne dass die Gruppen in zu enge verschulte Abläufe gezwungen werden. Vielleicht kann dieses Manual dazu beitragen, die Idee von pädagogischen Elternschulungen und Elterntrainings zu verbreiten und dadurch die Entwicklung einer friedlicheren, demokratischeren Gesellschaft zu fördern.

Mein Dank gilt Frau Dipl. Soz. Päd. Astrid Thams, ehem. Sozialstation Schönberg, für ihre engagierte Unterstützung in der Entwicklung der Elternkurse der Elternwerkstatt Probstei, Herrn Jürgen Brockmann, Geschäftsführer der AWO, Schönkirchen, für die organisatorische Unterstützung bei der Entwicklung der Elternkurse, Frau Dipl. Soz. Päd. Carola Häger-Hoffmann, Bewegungstherapeutin und Elterntrainerin Schönkirchen, für die konstruktive gemeinsame therapeutische Arbeit mit Eltern und Kindern, Frau Dipl. Psych. Claudia Schrader und Frau Stud. Psych. Nicole Mildebrandt, Universität Kiel, für die Unterstützung bei der Evaluation der Elternkurse, Frau Dipl. Psych. Dr. phil. Jirina Prekop, Gesellschaft zur Förderung des Festhaltens, Lindau, für den Austausch in Gesprächen und Briefen, Herrn Dipl. Psych. Dr. phil. Bernard Hobrücker, Universitätsklinik Kiel, für die langjährige Supervision, Herrn Prof. Walter Spiess, PhD, Heilpädagogisches Institut der Universität Kiel, für sein Engagement zur Entwicklung von Ausbildungsangeboten zum Thema Elterntraining für Studierende des Bereichs Pädagogik, Frau Dipl. Psych. Nicole Wilde, Erziehungsberatungsstelle Heikendorf, Herrn Dipl. Sozialwirt Andreas Meyer, Erziehungsberatungsstelle Preetz, Frau Dipl. Psych. Sigrid Matthiesen, Erziehungsberatungsstelle Lütjenburg, Herrn Dipl. Päd. Christoph Juhasz, Familienbildungsstätte Tarp, Herrn Dankward Jennerjahn, Jugendamt Kreis Plön und Herrn Knut Bischoff, Jugendamt Kreis Plön für die konstruktive gemeinsame Arbeit bei der Entwicklung der Elternkurse im Kreis Plön, meiner Gemeinschaftspraxis-Kollegin Frau Dr. med. Sabine Leuschner, Kinder- und Jugendärztin sowie unseren Praxismitarbeiterinnen Frau Ursula Baur, Frau Friederike Gehrmann, Frau Stefanie Puls, Frau Christel Ruppert und Frau Maren Vogt für die Unterstützung bei der alltäglichen Praxisarbeit mit Kindern und Eltern; den vielen Eltern und Kindern mit denen ich in der Praxis und in den Elternkursen gemeinsam arbeiten und von denen ich viel lernen konnte, Frau Katharina Steinhöfel, Herrn Lothar Schweim und den Mitarbeiterinnen des Juventa Verlages, Weinheim, für die reibungslose und freundliche Zusammenarbeit bei der Realisierung des vorliegenden Buches, allen Freunden für die vielen Gespräche, meinen Eltern und meinem Bruder für die Erlebnisse und Erfahrungen miteinander in Kindheit, Jugend und Erwachsenenalter und natürlich meinen Kindern Sebastian, Judith und Gesa sowie meiner Frau Angelika für die vielen Gespräche, die unendliche Geduld und das gemeinsame Leben miteinander.

Schönberg, im April 2004
Dr. Rüdiger Penthin

Inhalt

* Diese Gruppensitzungen wurden in Zusammenarbeit mit der Co-Autorin erstellt

III. Teil: Arbeitsblätter

Eine Einführung

Pädagogische Elternschulung ist kein Selbstzweck, sondern bekommt angesichts zunehmender Gewaltbereitschaft und Delinquenz bei Kindern eine gesellschaftlich relevante Dimension.

Betrachtet man die polizeilichen Kriminalstatistiken so zeigt sich, dass selbst in einem ländlich strukturierten Bundesland wie in Schleswig-Holstein 1977 0,97% der Kinder unter 14 Jahren als Tatverdächtige in Erscheinung traten, 1997 jedoch 1,26% und 1998 schon 1,29% dieser Altersgruppe kriminell auffällig wurden. Bei den Jugendlichen zwischen 14 und 17 Jahren wurden 1977 4,15% als Tatverdächtige erfasst, 1997 schon 9,1%, 1998 sogar 9,5%. Zwischen 1997 und 2000 kam es in der Gruppe der Kinder unter 14 Jahren in diesem Bundesland bezogen auf die Gesamtzahl der Wohnbevölkerung dieser Altersgruppe bei Raubdelikten zu einer Verdoppelung und bei schwerer Körperverletzung zu einem 25-prozentigen Anstieg der Zahl der Tatverdächtigen. Insgesamt sind v.a. Jungen die Täter. Der relative Anteil der Mädchen stieg jedoch deutlich an. Im Jahr 2002 kam es bezogen auf diese Deliktarten zu keinem weiteren Anstieg der Zahl der Tatverdächtigen im Kindesalter. Natürlich sind solche Kriminalstatistiken mit Vorbehalt zu interpretieren, da sie vom Anzeigeverhalten der Bevölkerung abhängig sind und es sich nicht um eine Statistik der rechtskräftig Verurteilten und somit für schuldig befundener Täter handelt.

Die **Ursachen für eine problematische Sozialentwicklung** unserer Kinder sind vielschichtig: beengte Wohnverhältnisse mit Ghettoisierung von Familien mit sozialen Problemen, Arbeitslosigkeit, schwierige ökonomische Situation der Familie, Alkohol- und Drogenabhängigkeit der Eltern, fehlende emotionale Wärme in der Familie, innerfamiliäre Gewalt und Vernachlässigung, fehlende elterliche Anleitung und fehlendes elterliches Vorbild, Konsum gewalttätiger Medieninhalte (Fernsehen, Video, PC-Spiele etc.), Gewalterfahrungen in der Schule und auf der Straße, aber auch körperliche Ursachen wie ein Aufmerksamkeitsdefizit-Syndrom, Lernbehinderungen, Teilleistungsstörungen und auch angeborene Veranlagungen können zur Entwicklung von problematischen Verhaltensauffälligkeiten bei Kindern beitragen. Viele dieser Risikofaktoren haben direkt oder indirekt mit den Eltern zu tun (Penthin 2001). Verschiedenste wissenschaftliche Untersuchungen zeigen, dass ungünstige Beziehungsmuster zwischen Eltern und Kindern mit vermehrten Verhaltensauffälligkeiten bei Kindern assoziiert sind. Schon im Säuglingsalter lassen sich bei abgelehnten oder vernachlässigten Kindern vermehrt Auffälligkeiten (diese Kinder nehmen seltener Blickkontakt auf) beobachten (Esser 1990). Auch bei Kindern im Alter von zwei Jahren, die schon als Baby von ihren Eltern vernachlässigt oder abgelehnt wurden, zeigte sich häufiger ein mentaler Entwicklungsrückstand sowie häufiger hypermotorisches und oppositionelles Verhalten (Weindrich 1990). In Längsschnittuntersuchungen zeigte sich, dass expansive Verhaltensauffälligkeiten (Hyperaktivität und Störungen des Sozialverhaltens) bei achtjährigen Kindern gehäuft dann auftraten, wenn diese Kinder schon als Baby deutlich dysphorischer gestimmt waren und die Mütter nur wenig einfühlsam auf diese Verstimmungen eingingen (Laucht 2000). Bei Vernachlässigungen und Misshandlungen von Kindern scheinen ursächlich innerfamiliäre Beziehungsprobleme oder emotionale Probleme der Eltern bedeutsamer als sozioökonomische Risikofaktoren wie Arbeitslosigkeit, Schulden oder unzureichende Wohnverhältnisse, zu sein (Thyen 2000).

Neben den **Aufgaben der Politik**, dafür Sorge zu tragen, dass Arbeitslosigkeit und damit verbunden Armut und Hoffnungslosigkeit vermindert wird, dass Gewalt, vor allem auch innerfamiliäre Gewalt geächtet und konsequenter strafrechtlich verfolgt wird (Funktion des Opferschutzes), ist es jedoch vor allem **Aufgabe der Eltern**, möglichst gute Entwicklungsbedingungen für ihre Kinder zu schaffen. Die Grundsteine für problematisches Verhalten von Kindern werden oft in den ersten Lebensjahren gelegt (s.o.) und sollten sich demzufolge vor allem durch Maßnahmen in den ersten Lebensjahren verhindern lassen. Daher ist **Vorbeugung** ungeheuer wichtig. Vorbeugung sollte angesichts oben genannter Risikofaktoren v.a. bei den Eltern ansetzen.

Eltern werden meist nicht auf die **Elternschaft** mit ihren mannigfaltigen Aufgaben vorbereitet (den Kindern ein emotional warmes Nest zu bieten, Kinder wohlwollend zu begleiten, die Stärken des Kindes zu unterstützen, die Schwächen zu akzeptieren, Kinder in dieser Hinsicht aber trotzdem zu fördern ohne zu überfordern, die Kinder in die Regeln der menschlichen Gemeinschaft einzuführen, sie zu erziehen, sie anzuleiten und ihnen zur Seite zu stehen). Das ist eine komplexe Aufgabe, viel komplizierter als Auto zu fahren (und *dafür* braucht man einen Führerschein!). Trotzdem lässt unsere Gesellschaft Eltern hinsichtlich der Meisterung dieser Aufgabe allein, wohlwissend dass Eltern die Bewältigung dieser Aufgabe nicht gelernt haben. Eltern leben ihre Elternschaft meist in Anlehnung oder Ablehnung ihrer eigenen Eltern und geraten im Alltag mit ihren Kindern ständig in Situationen der Überforderung und Hilflosigkeit. Diese Situationen führen oft dazu, dass Eltern in erzieherischen Problemsituationen Gewalt anwenden (Schläge, beleidigende Beschimpfungen, seelische Misshandlungen mit Nichtbeachtung und Liebesentzug) oder dass Eltern in ihrer dauerhaften Überforderung ständig eine ablehnende, ängstigende Atmosphäre verbreiten, die die Seele ihres Kindes schädigt. Wir alle machen als Eltern immer wieder Fehler, die nicht unbedingt schädigend sind. Schaden nimmt ein Kind aber dann, wenn es *dauerhaft* einer Atmosphäre der Ablehnung, Vernachlässigung, der Angst und innerfamiliären Gewalt ausgesetzt ist. Eltern müssen also sich selbst auch mit den eigenen Schwächen kennen lernen, müssen in der Gestaltung der Beziehung zu ihrem Kind und ihrem Partner begleitet werden und müssen lernen mit den verschiedensten, z.T. auch sehr konfliktträchtigen Lebenssituationen mit ihrem Kind zurechtzukommen, ohne hilflos in überschießenden Zorn oder in Resignation zu geraten. Seit dem Jahr 2000 ist **gewalttätiges elterliches Verhalten gegenüber Kindern endlich gesetzlich verboten**. Der Staat sollte seine Verantwortung jedoch nicht darauf beschränken, Problemverhalten zu verbieten, er sollte auch alles versuchen, bessere erzieherische Verhaltensalternativen zu propagieren.

Elternschaft ist zu einem großen Teil **lernbar**. Schon seit Jahren gibt es in den verschiedensten Institutionen Beratungs- und Fortbildungsangebote für Eltern. Leider werden diese Angebote meistens nur von Eltern genutzt, die ihre eigene Hilfsbedürftigkeit in Sachen Elternschaft erkannt haben, die in der Lage sind, sich selbst kritisch zu hinterfragen und die bereit sind, etwas zu ändern und dazuzulernen. Die Zahlen problematischer Entwicklungen bei Kindern (s.o.) zeigen, dass solche Angebote bisher nicht in der Lage sind, einen statistisch fassbaren vorbeugenden Effekt zu erzielen. Eltern mit problematischem Erziehungsverhalten (Gewalt oder Gleichgültigkeit) haben oft nicht gelernt, sich selbst und das eigene Verhalten in Frage zu stellen und zu überdenken und Beratung und Fortbildung zu nutzen. Im Grunde genommen sind wir Eltern in Sachen Elternschaft *alle* hilfsbedürftig, aber dieses erkennen nicht alle.

Unserer Gesellschaft sollte es gelingen, wenn möglich **alle** Eltern mit **Elternschulungsangeboten** zu erreichen und damit auch frühzeitig entsprechend hilfsbedürftigen Eltern eine spezielle Therapie (Psychotherapie, Suchttherapie etc.) zu vermitteln. Elternschulung sollte als flächendeckende Einrichtung auch in kleinen Gemeinden zur Verfügung stehen und mit der

Zeit im gesellschaftlichen Konsens von möglichst vielen Menschen akzeptiert werden können, so dass möglichst keine Schwellenängste vor solchen Einrichtungen mehr bestehen. Elternschulung muss so normal werden wie Krebsfrüherkennungsuntersuchungen und Zähneputzen. Elterschulung muss es sich zum Ziel machen, möglichst vielen Eltern, vielleicht sogar
allen Eltern, begleitend zur Seite zu stehen, um einen liebevollen, respektvollen Umgang mit
ihren Kindern zu erlernen, um zu lernen, ihr Kind zu einem gemeinschaftsfähigen, verantwor-
tungsvollen, selbstbewussten und lebensfrohen Menschen heranwachsen zu lassen. Sinnvolle
„Erziehungskonzepte", die ohne Gewalt arbeiten und dem Kind Respekt entgegenbringen
sind schon lange publiziert (z.B. Dreikurs 1966, Kast-Zahn 1997 etc.). Der Entwicklung zu
wachsendem Egoismus, zu Gleichgültigkeit gegenüber dem anderen, zu Verantwortungslo-
sigkeit, Unehrlichkeit und wachsender Gewaltbereitschaft bei Kindern und Jugendlichen sowie der Neigung zur Ausbeutung der Sozialsysteme („...ich gehe nicht zur Schule, lebe von
der „Stütze" und arbeite höchstens schwarz...") müssen Eltern entgegen wirken.

Elternschulung kann in den verschiedensten Ausprägungen zur Verfügung stehen. Ge-
burtvorbereitungsgruppen könnten von therapeutisch geschultem Fachpersonal (Elterntrainerin / Elterntrainer) nach der Geburt weitergeführt werden und der Umgang mit dem Baby, die
Beziehung zum Kind und zum Partner thematisiert werden. **Elterngesprächsgruppen** oder
Workshops zu diesen Themen könnten wohnortnah *allen* frischgebackenen Eltern oder idealerweise allen werdenden Eltern (Reichle 1999) angeboten werden. Der jeweilige Träger solcher
Schulungsprojekte könnte auf *jedes* werdende Elternpaar in Geburtsvorbereitungsgruppen
oder auf jedes Elternpaar mit einem Neugeborenen zugehen und die Eltern persönlich informieren. Therapeutisch weitergebildete Sozialpädagoginnen oder Sozialpädagogen könnten
jedes Elternpaar mit einem neugeborenen Kind aufsuchen und ein Gespräch anbieten und
evtl. weitere Hilfen (z.B. sozialpädagogische Familienhilfe) vorstellen und einleiten (z.B. An-
gliederung an die Ämter für Soziale Dienste). Der Kindergartenbesuch des Kindes könnte
automatisch mit dem regelmäßigen Angebot einer Elterngesprächsgruppe (z.B. monatlich in
den Räumen und in der Zusammensetzung der jeweiligen Kindergartengruppe) verknüpft
werden. Desgleichen wäre für alle Eltern einer Schulklasse möglich. Auch diese Schulungs-
gruppen könnten von entsprechend geschulten Elterntrainerinnen und Elterntrainern begleitet
werden. Es ist oft nicht leicht, sozial benachteiligte Eltern zu erreichen und für elternschulende Projekte zu gewinnen. Besondere Konzepte wurden diesbezüglich erarbeitet (Lühning
2003). Als vielversprechend zeichnet sich in diesem Zusammenhang aufsuchende Elternarbeit
ab (z.B. im Rahmen des aus den Niederlanden stammenden Opstapje-Konzeptes) (Sann
2003), während Elternschulung in Gruppen für sozial benachteiligte Familien nicht in dem
Maße angenommen wird, wie es wünschenswert wäre.

Als sehr effektiv hat sich gut strukturiertes, nur wenige Wochen dauerndes Elterntraining er-
wiesen, bei dem konkrete Erziehungssituationen geübt werden können, z.B. „Triple P", ein
Elterntraining in positiven Erziehungsstrategien aus Australien (Sanders 1999). Die Wirk-
samkeit solcher Elterntrainings konnte in wissenschaftlichen Untersuchungen belegt werden
(Sanders 1999, Kuschel 2000). Unmittelbar nach dem Triple-P-Elterntraining sank die Zahl
der Kinder mit Verhaltensauffälligkeiten um über 50 %. Ein Jahr nach dem Training stieg die
Zahl der Kinder mit Verhaltensproblemen wieder leicht an, ohne jedoch den hohen Aus-
gangswert zu erreichen. Somit erscheint es sinnvoll, im Jahresabstand „Auffrischkurse" anzubieten oder von vorneherein über einen längeren Zeitraum (z.B. über ein Jahr) begleitete Elternschulungen, wie im vorliegenden Arbeitsbuch vorgestellt, anzubieten.

Ein organisiertes Netz von **Familienpatenschaften** (Familien mit sozialen Ressourcen
betreuen ehrenamtlich unter fachlicher Supervision sozial bedürftige Familien) könnte eben-
falls ein Baustein im Bereich der Elternschulung sein. Ebenso sollte in allen Gemeinden aus-

reichendes Hortplatzangebot für den Nachmittag etabliert werden, damit Kinder, die vom sozialen Abgleiten bedroht sind und Kinder deren Eltern nachmittags berufstätig sein müssen, aufgefangen werden können. Auch im Rahmen solcher **Hortbetreuung** sollte regelmäßige Elternarbeit integriert werden.

Eine weitere wichtige Möglichkeit, um Informationen über eine gewaltfreie aber an klaren und sinnvollen Regeln orientierte und konsequente Erziehung zu verbreiten, sind natürlich die **Medien**. Printmedien wie Bücher und elternberatende Zeitschriften gibt es reichlich. Auch die Rundfunkanstalten und Fernsehsender sollten jedoch *baldmöglichst* erziehungsberatende Sendungen produzieren, da viele Eltern eher über die audiovisuellen Medien erreichbar sind. Das Format solcher Sendungen könnte z.B. von der 45-minütigen wöchentlichen Ratgebersendung bis zum mehrmals täglich auf allen Kanälen gesendeten Werbespot für gewaltfreie Erziehung reichen. Auch im Bereich des Fernsehens gibt es schon Erfahrungen mit informierenden und im weitesten Sinne auch „schulenden" Sendungen für Eltern. Schon Mitte der siebziger Jahre wurde vom WDR eine Fernsehreihe „Elterführerschein" produziert. Zusätzlich gab es ein Begleitbuch zu dieser Reihe (Braumandl 1976). Auch in Neuseeland wurden im Rahmen einer Elternfernsehreihe „Families", welche im Infotainment-Stil aufgebaut ist, gezielt Beiträge aus dem elternschulenden Triple-P-System (s.o.) gesendet. Wissenschaftliche Überprüfungen der Effektivität dieses Vorgehens zeigten, dass durch TV-Beiträge die elterliche Zufriedenheit wuchs und ungünstiges elterliches Erziehungsverhalten abnahm (Sanders 1999). In Deutschland gibt es zur Zeit nur wenige familienberatende Fernsehformate im Infotainment-Stil (z.B. z.B. Servicezeit Familie vom WDR oder „Wir in Bayern" vom BR). Weitere Entwicklungen derartiger Medienproduktionen sind jedoch angesichts der belegten potentiellen Effektivität als Ergänzung zu persönlichen Elterntrainings (s.o.) enorm wichtig.

Organisationsformen von Elternschulung können und müssen somit vielfältig sein.

Die in diesem Zusammenhang zu klärende Frage muss die der **Finanzierung solcher Projekte** sein. Es sollte diskutiert werden, ob geplante *Erhöhungen* staatlicher finanzieller Mittel der Familienförderung (Erziehungsgeld/ Kindergeld) direkt in die Etablierung flächendeckender Elternschulungprojekte investiert werden sollten. Außerdem könnte ein Belohnungssystem eingerichtet werden, indem ein Teil einer geplanten *Erhöhung* dieser Fördermittel *den* Familien ausgezahlt wird, die regelmäßig an Elternschulung teilnehmen. Dadurch ließe sich ein Teil der Eltern, die *wenig* Sensibilität für ihre Kinder haben, auch für solche begleitende Schulung „gewinnen". Die jeweiligen professionellen Kursbegleiterinnen und Kursbegleiter hätten sodann die Chance, mit den Eltern eine „echte Motivation", etwas für die Beziehung zu ihren Kindern zu tun, zu erarbeiten. Eine andere Finanzierungs-Konzeption könnte mit der Erhebung sozial verträglicher Elternbeiträge arbeiten und auch auf Unterstützung durch Firmen und Wirtschaftsbetriebe für derartige Projekte hinwirken.

Ein weiterer Aspekt von Elternschulung wäre, mit Jugendlichen und Heranwachsenden, die ja oft aufgrund ihrer Entwicklungsphase aktuell in einer konfliktreichen Beziehung zu ihren Eltern stehen und sich deshalb oft mehr oder weniger bewusst sowieso mit dem Thema „Eltern" beschäftigen und somit eine gewisse Sensibilität für dieses Thema haben, im Rahmen des **Schulunterrichtes** mit **Projekten zum Thema „Elternschaft lernen"** zu konfrontieren. In Schleswig-Holstein gibt es diesbezüglich ermutigende Ansätze (Limmer 1999). Außerdem sollten an jeder Schule **Gewaltpräventionsprojekte** (Olweus 1996) etabliert werden, die auch auf eine klare Elternmitarbeit setzen. Es sei an dieser Stelle einmal darauf hingewiesen, dass die Schule erzieherische Versäumnisse von Eltern bei verhaltensauffälligen Kindern nicht „beheben" kann, da viele relevante Dinge der Persönlichkeitsentwicklung eines Kindes in den ersten Lebensjahren festgelegt werden. Schule muss sich zwar zunehmend für alle

Kinder auch außerhalb der Wissensvermittlung einsetzen, kann jedoch die Eltern nicht ihrer erzieherischen Verantwortung entheben. Außerdem sollte diskutiert werden, ob nicht für alle Schüler der 9. Klassen ein 3-monatiges **Sozialpraktikum** zur Pflicht wird, als Voraussetzung für den Schulabschluss. In einem derartigen Praktikum, welches in Krankenhäusern, Altenheimen, Kindergärten, Einrichtungen für behinderte Menschen durchlebt werden sollte, könnte Einfühlungsvermögen und Sensibilität für bedürftige Mitmenschen, sowie soziales Verantwortungsgefühl gestärkt werden, was den späteren Kindern der betroffenen Schüler mit Sicherheit zugute käme.

Wir sollten uns in dieser Gesellschaft bemühen, Elternschulung als vielschichtiges Konzept und als vorbeugende Institution für möglichst alle Eltern als etwas völlig Normales zu etablieren und die abwartende, vielleicht sogar die Eltern vernachlässigende Haltung (frei nach dem Motto „Wer nicht will, der hat schon") aufgeben. **Elternschulung für Jedermann** könnte somit zu einem wichtigen System in unserer Gesellschaft werden, mit dem sich *zukünftig* Kriminalität und rechtsradikale Gewalt bei Kindern und Jugendlichen und letztendlich auch bei Erwachsenen vermindern ließe. Die positiven Effekte eines solchen Systems würden sich allerdings erst in einigen Jahren einstellen.

Ziele der Elternschulung

Es gibt verschiedene **Faktoren innerhalb der Familie, die sich ungünstig auf die kindliche Entwicklung auswirken**: überwiegend negativ getönte Atmosphäre und Stimmung in der Familie, elterliche Ablehnung und Nichtbeachtung der Kinder, elterliche Beachtung nur bei negativem Verhalten des Kindes, Gleichgültigkeit bei kindlichem Problemverhalten, Unberechenbarkeit der elterlichen Reaktionen, elterliche Gewalt (Schlagen, Schreien, demütigendes Beschimpfen, Liebesentzug usw.) (Übersicht bei Penthin 2001). Fehler im Umgang mit unseren Kindern machen wir alle. Problematisch ist die Situation aber dann, wenn wir unsere Kinder dauerhaft einer negativen Atmosphäre aussetzen (s.o.).

Ungünstiges elterliches Erziehungsverhalten kann zur Verstärkung von Verhaltensproblemen bei Kindern beitragen. Dieses kann schließlich dazu führen, dass sich Eltern hilflos und überfordert fühlen und in ihrer Ratlosigkeit wiederum verstärkt in die oben genannten für das Kind gefährlichen Verhaltensstile verfallen. Ungünstige Anteile im elterlichen Erziehungsstil können verschiedene Ursachen haben (eigene Erlebnisse, eigene problematische Lebensgeschichte, innerfamiliäre Probleme, Partnerkonflikte, finanzielle Sorgen, psychische Probleme der Eltern wie ADHS, Alkoholabhängigkeit, Depressionen oder ein schwieriges Temperament der Kinder etc.).

Elternschulung soll Eltern dabei helfen, konsequenter, freundlicher, fairer, hilfreicher, akzeptierender aber auch sinnvoll führender mit dem eigenen Kind umzugehen, damit problematische kindliche Entwicklungen weitestgehend vermieden werden und wir alle in unseren Familien mehr Freude miteinander haben. Zugrunde liegende eigene elterliche Probleme können erkannt und durch Vermittlung einer wirkungsvollen weiteren Hilfe (individuelle Beratung und evtl. Therapie) angegangen werden. Elternschulung kann in den verschiedensten Konzepten sinnvoll sein (z.B. Reichle 1999, Sanders 2000). Elterntrainings sollten somit folgende Ziele vertreten:

a. Abbau ungünstiger elterlicher Verhaltensmuster (s.o.)

b. Aufbau eines positiv getönten Umgangs mit Kindern und Partner/in

Elterntrainings, die diese Ziele konkret verfolgen, sind in wissenschaftlichen Untersuchungen vielfach als effektiv – auch in der Behandlung aggressiver kindlicher Verhaltensstörungen – befunden worden (Kazdin 2000, Baving 2002).

Elternschulung in Form geleiteter Gesprächsgruppen

Das im vorliegenden Manual vorgestellte Konzept zur Realisierung von Gesprächsgruppen zur Elternschulung wendet sich an alle Interessierte aus pädagogischen, psychologischen oder therapeutischen Berufsgruppen, die derartige Elternschulungen durchführen möchten. Das vorliegende Konzept ist inhaltlich im Wesentlichen auf Eltern mit Kindern im Alter vom zweiten Lebensjahr bis zum Ende des Grundschulalters abgestimmt. Aber auch Eltern von jüngeren oder älteren Kindern können von diesen Inhalten profitieren. Die Ziele der zehn Gruppensitzungen gliedern sich wie folgt:

   1. Gruppensitzung: Erarbeitung positiver innerfamiliärer Kommunikationsstrategien
   2. Gruppensitzung: Regeln für das Zusammenleben, Familienrat
   3. Gruppensitzung: Stärkung der positiven Seiten des Kindes
   4. Gruppensitzung: Umgang mit problematischem Verhalten des Kindes
   5. Gruppensitzung: Problematische Routinesituationen im Alltag
   6. Gruppensitzung: Kinder mit hyperaktiven und aggressiven Verhaltensauffälligkeiten
   7. Gruppensitzung: Medienerziehung
   8. Gruppensitzung: Spiel und Freizeitgestaltung
   9. Gruppensitzung: Suchtprävention
   10. Gruppensitzung: Zusammenfassung und Abschluss

Der Aufbau des Curriculums ist bewusst in der oben angegebenen Form gewählt. Der Beginn des Kurses widmet sich dem Erarbeiten positiver Ressourcen in den einzelnen Familien. In der weiteren Folge werden dysfunktionale Interaktionsstile in den Familien besprochen und mögliche Strategien zur Verbesserung der innerfamiliären Kommunikationsstile erarbeitet. Die erarbeiteten Strategien werden sodann auf die alltäglichen Probleme in den Familien angewendet. Da relative häufig auch auffallende Verhaltensstörungen bei Kindern auftreten, die oft mit hyperaktivem Verhalten assoziiert sind, wird sodann eine Gruppensitzung zu diesem Thema angeboten, in der die Anwendung der bisher erarbeiteten Erziehungs- und Kommunikationsstrategien auch bei Kindern mit auffallenden Verhaltensproblemen erarbeitet wird. In der Folge werden Themenschwerpunkte zu Bereichen, die kindliches Verhalten und Erleben in relevantem Maße auch außerhalb der Familie beeinflussen können (Medienkonsum, Spiel- und Freizeitverhalten) angeboten. Auf der Basis des bis dahin erarbeiteten Wissens erfolgt sodann die Auseinandersetzung mit dem letzten Themenschwerpunkt „Suchtprävention", der auf die grundlegenden Regeln einer gesunden Beziehungsgestaltung zurückgreift. Abschließend kann die letzte Sitzung wiederholend oder vertiefend je nach den Wünschen der teilnehmenden Eltern gestaltet werden. Natürlich kann ein derartiger Kurs auch durch zusätzliche Termine, die zur Vertiefung der bisher erarbeiteten Inhalte anhand konkreter Situationen aus dem familiären Alltag der teilnehmenden Eltern genutzt werden können, erweitert werden. Außerdem können weitere Termine dazu dienen, den Kurs inhaltlich-thematisch zu erweitern (Geschwisterkonflikte, Trennungskonflikte, präpubertäre Sexualität, Besonderheiten in der Pubertät etc.). Entsprechende Sachinformationen können den jeweiligen Arbeitsblättern entnommen werden. Auf jeden Fall sollte sich ein Elternkurs jedoch den Themen der 1.-5. Sitzung als Kernthemen eines jeden Elterntrainings widmen.

Gestaltung der Gesprächsgruppensitzungen
Hinweise für Gruppenleiterinnen und Gruppenleiter

Gruppenleiterinnen und Gruppenleiter sollten Erfahrungen in der klientenzentrierten Gesprächsführung (Pallasch 1990, Tausch 1990) und die Fähigkeit, mit spezieller Fragetechnik, Eltern selbst zur Problemlösung anzuregen, haben. Einerseits ist es wichtig als Gruppenleiterin oder Gruppenleiter eine der Gesprächspsychotherapie ähnliche Haltung zu haben, die dem Gegenüber Empathie, Akzeptanz und Kongruenz entgegenbringt, andererseits handelt es sich bei den hier beschriebenen Gesprächsgruppen nicht um primär therapeutische Gruppen. Das bedeutet, dass das Verstehen der emotionalen Situation und der emotionalen Reagibilität der Beteiligten nur ein Aspekt ist, der im Vergleich zum therapeutischen Setting nicht im Vordergrund steht. Das gemeinsame Erarbeiten bewährter Strategien zur Verbesserung des Umgangs und damit auch der Beziehung zwischen Eltern und Kindern im Gespräch stellt den inhaltlichen Schwerpunkt dieses Konzeptes dar. Das Konzept der Gesprächsgruppe arbeitet jedoch im Wesentlichen mit den Beiträgen und den persönlichen Erlebnissen der beteiligten Eltern und unterscheidet sich somit wesentlich von mehr verschult-durchstrukturierten Elterntrainings wie z.B. dem australischen Triple P-Konzept (Sanders 2000). Trotzdem liegt den hier vorgestellten Gesprächsgruppen ein klares inhaltliches Konzept zugrunde, an das die teilnehmenden Eltern durch z.T. auch lenkende Fragetechniken schrittweise herangeführt werden können. Somit unterscheidet sich dieses Vorgehen ebenso von non-direktiven Ansätzen der Gesprächspsychotherapie (Pallasch 1990). Die o.g. Grundhaltungen der Gesprächspsychotherapie vermitteln den Klienten (Eltern) jedoch eine angstfreie Atmosphäre in der sie sich angenommen und akzeptiert fühlen können. Eine kongruente, echte Haltung der Gruppenleitung bedeutet, dass keine professionelle Front durch den Therapeuten errichtet wird, dass auch die Gefühle und Einstellungen des Therapeuten im Setting ihren Platz haben dürfen (Pallasch 1990). Akzeptanz oder bedingungsfreie Wertschätzung bedeutet, dass die Gruppenleitung den Klienten grundlegend positiv gegenübertritt ohne jedoch alle Gedanken und Handlungen der Klienten gutheißen zu müssen (Echtheit!). Empathie oder einfühlendes Verstehen bedeutet, dass die Gruppenleitung wenn erforderlich versucht, sich sensibel in die „Haut des Klienten zu versetzen", um den Erfahrungen und Beiträgen des jeweiligen Klienten gerecht zu werden. Neben dem Gespräch als wesentlichem Medium dieser Gruppen sollten neue Inhalte wie z.B. der Familienrat, Strategien zur Verbesserung der Eltern-Kind-Beziehung, Stärkung der positiven Seiten des Kindes und Reaktionen auf Problemverhalten wenn möglich auch im Rollenspiel von den Eltern durchgespielt werden, um der theoretischen Auseinandersetzung mit den Inhalten auch ein in der Gruppe begleitetes Erleben dieser neuen Situationen hinzuzufügen (s.u. „Anleitung zum Rollenspiel").

Die in den Beschreibungen der einzelnen Sitzungen aufgeführten Beispiele für einen möglichen Ablauf der jeweiligen Sitzung sind natürlich nicht verbindlich. Jede Gruppenleitung sollte ihre eigenen Worte finden. Wichtig ist, eine vertrauensvolle Atmosphäre zu schaffen, mit gutem Beispiel voranzugehen, gezielt aufrichtiges und präzises Lob einzusetzen und je nach Situation mit offenen Fragen oder konkreten Aufforderungen die Eltern zur persönlichen Aktivität zu motivieren oder andererseits mit lenkenden Fragen Eltern zur eigenen Problemlösung hinzuführen. Das Spiegeln des von den Eltern Gesagten, das Verbalisieren emotionaler Inhalte, die behutsame Konfrontation mit Widersprüchen und die Erweiterung des Gesagten mittels inhaltlicher Angebote durch die Gruppenleitung sind weitere Techniken mit denen die Eltern in den Gruppensitzungen zu den inhaltlichen Zielen geführt werden können. Je nach Gruppenzusammensetzung können sich jedoch in den Sitzungen unterschiedliche Schwerpunkte innerhalb des Zielkomplexes herauskristallisieren, die zu akzeptieren sind und mit denen konstruktiv gearbeitet werden kann. Somit kann das zu einem Thema in unterschiedlichen Gruppen Erarbeitete von Gruppe zu Gruppe etwas differieren. Das ist dem Setting einer Gesprächsgruppe eigen und unterscheidet dieses Vorgehen von mehr verschult-strukturierten Vorgehensweisen. Trotzdem ist es sinnvoll, zumindest die in den Zusammenfassungen der einzelnen Gruppensitzungen aufgeführten relevanten Themen anzusprechen, damit verschiedenen Gruppen letztendlich doch ähnliche inhaltliche Informationen zur Verfügung gestellt werden können. Zusätzlich wurden aus diesem Grunde die Arbeitsblätter geschaffen, die mit Aufgaben zu denselben zu Hause vertieft werden können. In den Beispielen für einen möglichen Sitzungsablauf sind kursiv gedruckte Passagen als Beispielvorgaben durch die Gruppenleitung (GL) vorgesehen. Mit EL sind die teilnehmenden Eltern im Singular und Plural gemeint.

Der Ablauf des jeweiligen Gruppentermins kann noch durch Eingangs- und Abschlussrituale angereichert werden. Beispielsweise können zu Beginn der Sitzung Warming-Up-Spiele gemacht werden (z.B. Kreisspiele), die Spannungen abbauen können, die aber auch von den Eltern als Spielideen für die eigene Familie genutzt werden können (siehe auch Sitzung 8). Als Abschlussritual könnten z.B. kurze von der GL oder von den Eltern mitgebrachte humorvolle oder nachdenklich stimmende Geschichten vorgelesen werden. Es ist wichtig, den Eltern unabhängig von der jeweiligen Gruppensitzung zu vermitteln, dass es nicht darum geht, zu „perfekten Eltern" zu werden, sondern dass wir Eltern auch nach Besuch eines Elternkurses keine perfekten Eltern, die nie Fehler machen, sein werden. Es ist darauf zu achten, übersteigerte und unrealistische Ansprüche der Eltern an sich selbst und an ihre Kinder zu relativieren. Außerdem sollte immer wieder darauf hingewiesen werden, dass wir Eltern auch ein Recht darauf haben, auf unser eigenes Wohl zu achten. Je besser es uns selbst geht, desto liebevoller, einfühlsamer aber auch konsequenter und gelassener können wir mit unseren Kindern umgehen. In allen Gruppensitzungen ist darauf zu achten, dass die Eltern **konkrete Handlungsoptionen mit nach Hause nehmen** sollten, mit denen sie sodann ihre eigenen Erfahrungen machen können.

Das vorliegende Konzept ist für zehn jeweils eineinhalb Stunden dauernde Gruppentermine vorgesehen. Die Gruppenzahl sollte zwischen sechs und zwölf Elternteilen liegen. Die gemeinsame Teilnahme beider Eltern ist natürlich wünschenswert, aber oft aus verschiedenen Gründen nicht realisierbar (alleinerziehendes Elternteil, ein Elternteil bleibt zu Hause, um auf die Kinder aufzupassen, ein Elternteil hat „kein Interesse" (evtl. Angst vor unbekannten Situationen etc.)). Je nach Gruppenstärke und Intensität der Gruppenbeteiligung kann im Einzelfall eine Verlängerung der einzelnen Gruppensitzung auf bis zu zwei Stunden notwendig werden. Die Handhabung obliegt aber der jeweiligen Gruppenleitung. Bei Eltern mit starkem Leidensdruck kann eine Sitzungsfrequenz von einmal pro Woche notwendig sein, bei interessierten Eltern mit eher „durchschnittlichem" Leidensdruck sind ebenso Sitzungsfrequenzen von einmal pro Monat praktikabel und effektiv. Ebenso ist die Erweiterung des zehn Sitzungen umfassenden, im vorliegenden Manual vorgestellten Grundkonzeptes im Sinne zusätzlicher „freier Gesprächssitzungen" in Anlehnung an die zehnte Gruppensitzung möglich.

Im Folgenden sind Hinweise zur Gesprächsführung in Gruppen sowie zur Anleitung im Rollenspiel zusammengefasst.

Anleitung zum Führen eines Gruppengespräches

Monologe und Vorträge sind zu vermeiden, da dadurch die Aufmerksamkeit der Eltern schnell abnimmt. Besser ist es, im gemeinsamen Gespräch die intendierten Ziele zu erarbeiten, so dass die Eltern in den Lösungsfindungsprozess aktiv eingebunden sind, dadurch aufmerksamer bleiben, das Erarbeitete besser behalten und das Gefühl haben, selbst konstruktiv beteiligt gewesen zu sein. Dadurch lässt sich die Motivationslage bei den Teilnehmenden erhöhen.

Grundhaltungen:

Die prinzipiellen Haltungen, wie sie aus der klientenzentrierten Gesprächsführung (Pallasch 1990) bekannt sind, bewähren sich auch für Gruppengespräche, da dadurch eine vertrauensvolle Atmosphäre, die für eine konstruktive Gruppenarbeit unabdingbar ist, erreicht wird:

1. **Empathie:**
   Einfühlendes Verstehen. Die Gruppenleitung versucht sich sensibel „in die Haut der Klienten" zu versetzen

2. **Akzeptanz:**
   Primäre Wertschätzung der Klienten, ohne jedoch alles, was Klienten sagen und tun, gutheißen zu müssen

3. **Kongruenz:**
   Echtheit der Gruppenleitung ohne sterile, „professionelle" Fronten aufzubauen

Mögliche Methoden der Gesprächsführung:
(Übersicht bei : Maercker 2000, De Jong Meyer 2000)

1. **Sokratischer Dialog:**

   Geleitetes Erkennen! Methode des „Insistierenden Fragens", bis die richtige Erkenntnis gewonnen wurde. Oft lässt sich in Gruppen, die Frage auch an die Gruppe weitergeben.

   Beispiel: Eine Mutter gibt ihrem kleinen Sohn immer nach. Mit Quengeln und Schreien setzt sich dieser immer durch. Die Mutter ist unglücklich.

Gruppenleitung (GL):

   Sie haben uns eine Szene genau geschildert, die sich tagtäglich zwischen Ihnen und Ihrem Sohn abspielt. Wie geht es Ihnen damit?

Mutter:

   Das macht mich verzweifelt. So kann das doch nicht weitergehen. Er beschimpft mich immer heftiger.

GL:

   Was hindert Sie daran, diesen Szenen Einhalt zu gebieten?

Mutter:

   Wenn er so jammert und schreit, dann geht es ihm ja auch nicht gut. Ich kann ihn dann doch nicht einfach schreien lassen.

GL:

Wie ginge es Ihnen, wenn Sie ihn schreien ließen?

Mutter:

Ich käme mir wie eine Rabenmutter vor.

GL:

Aber mit der Situation so wie sie ist geht es Ihnen auch nicht gut.

Mutter:

Ja, ich bin manchmal so wütend auf ihn, ich würde ihm am liebsten den Po versohlen.

GL:

Wie sind diese Gedanken für Sie?

Mutter:

Da fühle ich mich auch ganz schlecht, wie eine richtig schlechte Mutter.

GL:

Was denken Sie, wie sich Ihr Sohn in solchen Szenen fühlt?

Mutter:

Wenn ich ihm dann gebe, was er haben will, hört es sofort auf zu schreien, grinst und verschwindet in sein Zimmer.

GL:

Könnte es sein, dass es Ihrem Sohn gar nicht so schlecht geht?

Mutter:

Wenn Sie das so sagen, ich glaube ja. Manchmal meine ich, triumphiert er sogar richtig.

GL:

Darüber, dass er sich mal wieder durchgesetzt hat?

Mutter:

Ja.

GL:

Wie soll das denn weitergehen, wenn er größer ist?

Mutter:

Da mache ich mir auch große Sorgen. Ich habe Angst, dass er bei anderen auch versucht sich auf so unangenehme Art durchzusetzen.

GL:

Was könnte das für Ihren Sohn mit sich bringen?

Mutter:

Dass er vielleicht sich alle Freundschaften verdirbt.

GL:

Möchten Sie das?

Mutter:

Nein, auf keinen Fall:

GL:

Was wäre also die logische Folge für jetzt?

Mutter:

Vielleicht darf ich das nicht mehr durchgehen lassen?

GL:

Ich denke, Sie haben recht, das wäre wirklich wichtig! Was also könnten Sie tun?

Mutter:

Ich weiß nicht. Soll ich ihn vielleicht schreien lassen?

GL:

Das wäre eine Möglichkeit. Aber vielleicht können wir ja auch noch andere Möglichkeiten zusammentragen. Ich würde die Frage gerne an die Gruppe weitergeben. Was fällt Ihnen ein?

In diesem Beispiel wurde die Mutter zu der Erkenntnis geführt, dass es für ihren Sohn besser ist, wenn sie sich in diesen Situationen nicht mehr dazu hinreißen lässt nachzugeben. Und wenn dieses für ihren Sohn besser ist, kann sie durch so eine konsequente Haltung keine schlechte Mutter werden.

2. Prompting

- Nachfragen und Nachhaken im Dialog, z. B. „Wie meinen Sie das genau?", „Für wie wahrscheinlich halten Sie das?" etc. Dadurch wird der Gesprächspartner auf der Suche nach sinnvollen Lösungen unterstützt.

- Verstärkung und Bestätigung sinnvoller Gedankengänge und Handlungen, z. B. „Genau", „Prima", oder bestätigende Gesten

3. Shaping

Ein Ziel wird mit Hilfe der Gruppenleitung Schritt für Schritt erreicht, z. B.: „Was könnte der erste Schritt sein?" „Genau, prima und dann, was halten Sie dann für sinnvoll?" etc.

4. Chaining

Ein Ziel (z.B. im Gespräch) wird dadurch erreicht, dass die Gruppenleitung wesentliche Vorgaben macht und zunächst nur noch den letzten Schritt zur Lösung erfragt, z. B. „Sie haben schon eine klare Anweisung getätigt, ihr Kind beachtet Sie nicht, Sie spüren, dass so langsam der Ärger in Ihnen wallt, was können Sie jetzt machen? Denken Sie daran, was wir eben besprochen haben". Im Verlauf können solche Vorgaben Stück für Stück reduziert werden.

Anleitung zum Rollenspiel

Rollenspiele nur freiwillig. Zum Abbau von Hemmungen und Ängsten vor dieser Methode, kann auch die Gruppenleitung exemplarisch bei Rollenspielen eine „Vorreiterrolle" übernehmen! (modifiziert nach A. Meyer, 2002)

1. Erarbeiten des Themas im Gespräch mit dem Protagonisten /der Protagonistin

2. Festlegung der Rollen und der Szene:

- Wer war an der Szene beteiligt (Mutter, Vater; Oma, Opa, Schwester, Bruder etc.)

- Wo spielt die Szene

- Skizzierung der Handlung

3. Auswahl der Rollenspieler/innen (Vorschläge des Protagonisten /der Protagonistin)
Klärung ob die Ausgewählten einverstanden sind, sonst Suche nach weiteren freiwilligen Mitspielern. Der Protagonist / die Protagonistin kann auch eine Rolle übernehmen, kann aber auch als Zuschauende(r) teilnehmen.

4. Aufbau der Szene:

- Andeuten des Raumes (Was steht wo?)

- Rolleneinführung:
  Die Gruppenleitung führt die Mitspielenden mit den bisher erarbeiteten Daten in die Szene ein, z. B.: „Sie sind die Mutter, 42 Jahre alt, liebevoll, unsicher....(relevante Eigenschaften, die für die Szene wichtig sind, werden aufgeführt, und der/die Spieler/in so in die Szene eingestimmt)

- Festlegung des Themas der Szene (Frage an den Protagonisten / die Protagonistin: „Was möchten sie genau spielen und in dieser Szene ausprobieren?", z.B. „Ich (als Mutter) möchte mich endlich einmal gegenüber meinem quengelndem Kind durchsetzen"

5. Spiel der Szene

6. Reflexion der Szene:

- *Gefühle aller Mitspieler/innen* werden reihum erfragt, meist beginnend mit dem Protagonisten /der Protagonistin, z. B. „Wie ging es Ihnen in ihrer Rolle in dieser Szene

- Frage an den Protagonisten / die Protagonistin: „*War der Verlauf befriedigend? Sind Sie an anderen Ideen interessiert?"*

Wenn ja:

- Fragen an das Publikum: „*Welche Alternativen fallen Ihnen ein?"*

- Frage an den Protagonisten / die Protagonistin: „*Gibt es eine Alternative, die Sie ausprobieren möchten?"*

Wenn ja:

7. Spiel der Alternative

8. Reflexion der alternativen Szene (s. Pkt.6)

9. Mitspieler werden klar aus den Rollen entlassen, z.B. „Vielen Dank, Sie sind jetzt wieder Frau X und nicht mehr die Mutter „ etc.

10. Reflexion im Plenum: „ *Wie ging es Ihnen mit der Szene?"*

- positive Rückmeldung zuerst

- bei Bedarf: Änderungsvorschläge (zur Vermeidung von Frustrationen keine negative

Kritik oder „Verbesserungsvorschläge" sondern allenfalls „Änderungsvorschläge"
Viele Eltern sehen sich auch gerne eine von der GL modellhaft vorgespielte Lösungsmöglichkeit an (Lernen am Modell), die sodann nochmals von elterlichen Rollenspieler(n)/innen wiederholt oder modifiziert werden kann.

Bisherige Erfahrungen mit dem vorliegenden Konzept

Die erste Auflage des vorliegenden Manuskriptes wurde, angereichert durch Einflüsse anderer Elternkurskonzepte (Kreis Nordfriesland, Elternschule) zur Basis für das Konzept der „Elternkurse im Kreis Plön". Diese Kurse wurden 2002 von einer interdisziplinären Arbeitsgruppe verschiedener Träger der Familienbildung unter Mitarbeit des Kreisjugendamtes zusammengestellt. Die erste Auswertung mittels Elternbefragung zeigte eine generelle Zufriedenheit mit dem Kurs bei ca. 90% der Eltern. Eine vertiefende Analyse der Veränderungen im Bereich des Verhaltens der Kinder und der elterlichen Erziehungshaltungen mittels Fragebogenerhebung vor und nach den Kursen ergab folgendes Bild:

- bei ca. 70 % der von den Eltern beschriebenen Kindern kam es zu einer Reduktion der Häufigkeit problematischen Verhaltens

- bei ca. 70 % der befragten Eltern zeigten sich Verbesserungen hinsichtlich konsequenterer Erziehungshaltungen

- bei ca. 75% der befragten Eltern kam es zu einer Reduktion aggressiv- unbeherrschter Verhaltensweisen im Umgang mit den Kindern.

Weitere Untersuchungen der Effektivität des vorliegenden Konzeptes in der 2. Auflage dieses Manuals bei Familien mit und ohne ADHS-Problematik finden zur Zeit statt.

Erste Gruppensitzung: Erarbeitung positiver innerfamiliärer Kommunikationsstrategien

Materialien

- Arbeitsblatt 1a und 1b: Aspekte positiver Kommunikation im Gespräch / Möglichkeiten zur Entwicklung einer guten Eltern-Kind-Beziehung
- Aufgaben zu den Arbeitsblättern 1a/1b

Ziele

- gemeinsames Kennenlernen
- Vermittlung der Grundregeln in einer Gesprächsgruppe
- Erarbeitung positiver Kommunikationsstrategien im Umgang mit den Familienmitgliedern

Hintergründe

Die Gruppenteilnehmer müssen die Möglichkeit haben, sich mit der Zeit in der Gruppe geborgen und weitestgehend angenommen zu fühlen, um optimalen Nutzen aus der Gruppenarbeit zu ziehen. Dazu ist einerseits die oben beschriebene Haltung der Gruppenleitung unabdingbar. Andererseits müssen bestimmte **Regeln für die Gruppenarbeit** eingeführt werden, die allgemein verbindlich sind:

- **Schweigepflicht**: Die Teilnehmer müssen sich verpflichten, persönliche Informationen anderer Gruppenmitglieder vertraulich zu behandeln und nicht an die Öffentlichkeit weiterzugeben.

- **Akzeptanz**: Die Teilnehmer müssen darauf hingewiesen werden, dass sie anderen Gruppenmitgliedern gegenüber fair und akzeptierend auftreten. Grundregeln des freundlichen Umgangs miteinander (keine Verleumdungen, keine Beschimpfungen, keine ironische Verunglimpfung etc.) müssen von allen Teilnehmern eingefordert werden. Das bedeutet, dass man durchaus unterschiedlicher Meinung sein darf, dass man sich das auch sagen darf (Echtheit), dass aber keine kränkenden, beleidigenden und den anderen missachtenden Kommunikationsstile verwendet werden dürfen.

- **Positive Arbeitsatmosphäre**: Zuhören, aussprechen lassen und wenn möglich nicht durcheinander sprechen. Zur Gestaltung einer optimalen Arbeitsatmosphäre, in der jeweils einem Sprechenden von den anderen zugehört wird ohne diesen zu unterbrechen ist ein entsprechender Hinweis an die Klienten angebracht. Nur in einer solchen Atmosphäre kann das Recht des Einzelnen, sich akzeptiert und ernstgenommen fühlen zu können, realisiert werden.

Um optimal miteinander arbeiten zu können ist es hilfreich, sich zunächst ein wenig kennen zu lernen, um Ängste oder Vorurteile vor dem Gegenüber abzubauen. Dazu ist es sinnvoll eine **Kennenlernrunde** durchzuführen, bei der sich jeder (falls er möchte) kurz vorstellt (Name, Alter, Familienstand, Berufstätigkeit, Zahl, Alter und Geschlecht der Kinder, Beweggründe für eine Elternschulung). Um den Klienten den Einstieg zu erleichtern kann die Grup-

penleitung nach einer einleitenden Begrüßung und einer Vorstellung der o.g. Gruppenregeln
mit der Vorstellungsrunde beginnen. Bei der Vorstellung der einzelnen Eltern kann die Gruppenleitung gemäß der o.g. Informationspunkte auch gezielt Informationen erfragen, ohne dass
ein Klima des Ausfragens entstehen darf. Alternativ können im Rahmen der Vorstellungsrunde zunächst in der Zweiergruppe kurze gegenseitige Interviews geführt werden. Sodann stellt
der Interviewende jeweils seinen Interviewpartner in der Großgruppe vor.

Um ein defizitorientiertes Vorgehen, welches Insuffizienzgefühle und Entmutigung bei den
Eltern hervorrufen könnte, zu vermeiden, ist es sinnvoll mit einer **Analyse der positiven Familienstrukturen** zu beginnen. Auch hier kann die Gruppenleitung beginnen und den anderen Eltern den Einstieg erleichtern, indem über positive Familienstrukturen, die die Gruppenleitung in der eigenen Familie oder im beruflichen Umgang mit anderen Familien kennen gelernt hat, berichtet wird. Die u.g. Eigenschaften positiver innerfamiliärer Kommunikation
können von der Gruppenleitung als Einstieg in eine konkret geschilderte Szene herangezogen
werden. Die Thematisierung der Strukturen, die in den Familien schon als positiv erlebt werden, ist als Einstieg in eine Gruppenarbeit gut geeignet, da den Eltern dadurch ihre Ressourcen und die vorhandenen sozialen Kompetenzen bewusst werden können und ihnen das Gefühl genommen wird, nur defizitär zu sein.

Nachdem die Beispiele der Eltern zusammengetragen wurden, können in der Gruppe mehrere
Beispiele, die für möglichst viele Eltern ein Identifikationspotential besitzen, ausgewählt werden und auf das Vorhandensein folgender positiver Kommunikationseigenschaften (Reichle
1999, Sanders 2000) überprüft werden (s. auch Arbeitsblatt 1a und 1b):

• eigene Bedürfnisse kennen und sich zugestehen sowie die Bedürfnisse des Partners und der
Kinder kennen und wenn möglich dem anderen zugestehen

• Gesprächsbereitschaft, Fähigkeit zu gemeinsamen Gesprächen, auch bei Problemen

• Konstruktive Gesprächsattribute (ruhig, sachlich, zuhören, Bereitschaft des gegenseitigen
Anerkennens, Mitteilen von *eigenen* Gedanken und Gefühlen in Form der Ich-Botschaft,
Stellung beziehen, *aktuelle* und *konkrete* Anlässe besprechen etc.), Meiden von beleidigenden, kränkenden Gesprächsstilen

• Gegenseitiges Achten (dem anderen Freiräume lassen, keine verbale oder körperliche Gewalt)

• Bereitschaft der Eltern zur Zusammenarbeit

• Bereitschaft dem Kind Aufmerksamkeit und Interesse zu schenken, das Kind zu loben und
zu ermutigen, dem Kind positive körperliche Zuwendung zukommen zu lassen, dem Kind
Zuneigung und Zärtlichkeit (*nicht* sexuell) zu geben

Falls wesentliche Aspekte positiver Kommunikationsstrategien (s.o.) anhand der Beispiele
aus den Familien nicht zur Sprache kommen, können diese von der Gruppenleitung zusätzlich
vorgestellt werden. Die Kommunikationsfertigkeiten können zusätzlich differenziert nach
Sprecher- und Zuhörerfunktionen (Kaiser 2000), die ja in einem Gespräch ständig wechseln,
dargestellt werden (s. Zusammenfassung der ersten Gruppensitzung). Sodann werden diese im
Rollenspiel vertieft.

Anschließend sollten die Eltern in die Arbeitsblätter 1a und 1b eingeführt werden und auf die
Hausaufgaben für das nächste Gruppentreffen (Aufgaben zu den Arbeitsblättern 1a und 1b)
aufmerksam gemacht werden. Die Stunde endet mit einem realistischen Lob für die gezeigte
Mitarbeit (Vorbildfunktion der Gruppenleitung) und der Verabschiedung der Teilnehmer.

Durch diesen Aufbau der ersten Stunde werden zunächst die Ressourcen und positiven Strukturen in den einzelnen Familien beleuchtet und anschließend weitere positive Strategien dargestellt und den Eltern im Rahmen der „Hausaufgaben" Gelegenheit gegeben, diese Strategien auf Praktikabilität in der eigenen Familie zu überprüfen. Die Beschäftigung mit den Aufgaben führt zur Vertiefung der Auseinandersetzung mit den geschilderten Strategien. Es besteht die Möglichkeit, dass einzelne Eltern diese Strategien als fremd und unrealisierbar erleben. Das könnte in verfahrenen Familienstrukturen oder in persönlichen emotionalen Problemen der einzelnen Eltern begründet liegen. Es ist wichtig, Eltern auf diese Möglichkeit hinzuweisen und sie durch ein persönliches Einzelgesprächsangebot zu entlasten, um eventuellen Einzel- oder familientherapeutischen Handlungsbedarf auszuloten und ggf. weitere individuelle Hilfsangebote machen zu können.

Beispiel für einen möglichen Ablauf der ersten Gruppensitzung

Gruppenleitung (GL):

Ich freue mich, Sie alle heute zur ersten Gesprächssitzung für Eltern **begrüßen** zu können. Ich finde es toll, dass Sie alle den Mut hatten, sich auf so etwas einzulassen, ohne genau zu wissen, was auf Sie zukommt. Aber ich kann Ihnen sagen, dass hier nichts schlimmes passiert, dass Sie und ich gemeinsam voneinander viel lernen werden, dass vielleicht aber auch schon mal jemand emotional aufgewühlt werden kann. Wenn Sie das Gefühl haben, dass das jeweils aktuelle Thema für Sie zu aufwühlend ist, so haben Sie jederzeit die Möglichkeit, zunächst einmal die Position des Zuhörers einzunehmen. Keiner wird gezwungen hier etwas zu sagen oder Stellung zu beziehen. Andererseits ist es natürlich schön und für uns alle wichtig, wenn jeder versucht sich in die Gruppe einzubringen, so wie er kann.

Zunächst aber möchte ich Sie mit einigen **Gruppenregeln** vertraut machen, denn es ist wichtig, dass jeder hier das Gefühl haben kann, sich vertrauensvoll zu öffnen. Das ist aber nur möglich, wenn bestimmte Regeln eingehalten werden:

1. Regel: Wir verpflichten uns alle, über persönliche Informationen, die wir von anderen Gruppenmitgliedern erhalten, außerhalb der Gruppe zu schweigen, genauso wie eine Arzt der Schweigepflicht unterliegt.

2. Regel: Wir verpflichten uns, den anderen in der Gruppe zu akzeptieren. Alles darf hier gesagt werden. Aber wir dürfen uns nicht beschimpfen oder beleidigen. Wir können hier durchaus unterschiedlicher Meinung sein und dürfen uns das auch sagen, aber ohne uns gegenseitig anzugreifen oder zu kränken.

3. Regel: Entgegen den Gepflogenheiten in so mancher Talkshow ist es in dieser Gruppe wichtig, dass immer nur einer oder eine spricht und die anderen zuhören, ohne den Sprecher oder die Sprecherin zu unterbrechen.

Wenn wir uns auf die Einhaltung dieser drei Regeln verlassen können, so können wir in der Gruppe viel vertrauensvoller und effektiver miteinander arbeiten. Wenn Regeln gebrochen werden, so muss darüber auch in der Gruppe gesprochen werden, damit die Situation geklärt werden kann, wenn möglich, ohne ein Gruppenmitglied von der weiteren Gruppenarbeit auszuschließen.

So jetzt habe ich aber genug einleitende Worte gesprochen. Ich möchte Sie alle bitten, sich der Reihe nach vorzustellen, damit wir uns ein wenig **kennen lernen** und besser miteinander arbeiten können. Weil das vielleicht nicht jedem leicht fällt, kann ich ja mal anfangen: Ich heiße.........., bin ....Jahre alt und arbeite als .... und hier als Elterntrainer/in. Ich habe ..... eigene Kinder im Alter von.......(Mädchen/Junge) und lebe mit meine(r)m Partner/in zusammen /allein etc. Vielleicht machen Sie jetzt weiter.

Elternteil 1 (EL):

Ich heiße........

Elternteil 2: etc.

GL:

Prima, jetzt haben wir alle schon etwas voreinander erfahren, aber bis wir alle den Namen des anderen kennen wird wahrscheinlich noch etwas Zeit vergehen, aber das ist normal.

Jeder von uns hat sicher schon einmal die Erfahrung gemacht, dass es manchmal zu Hause miteinander doch ganz gut klappt. Ich habe schon mit vielen Familien gearbeitet und dabei festgestellt, dass manchmal **gute Dinge zwischen den Familienmitgliedern** geschehen:

Ich erinnere mich an eine Familie, in der die Eltern vollkommen unterschiedlicher Meinung wegen eines „Erziehungsproblemes" waren. Der Vater war der Überzeugung, dass die Tochter hart angefasst werden müsse und Stubenarrest bekommen müsse. Die Mutter sah das ganz anders, denn sie empfand das aufsässige Verhalten der Tochter nicht als Beleidigung, sondern konnte das Verhalten sogar nachvollziehen. Das Gute in dieser Familie war, dass Mutter und Vater miteinander reden konnten, ohne sich anzuschreien und ohne dass der eine kuschen musste und der andere seine Meinung mit Gewalt durchsetzte. Der Mutter gelang es, auch beim Vater Verständnis für die Reaktion der Tochter hervorzurufen, so dass beide gemeinsam nach einer konstruktiven Lösung des Problems suchen konnten.

Denken Sie nun doch einfach mal in Ruhe darüber nach, was in Ihrer Familie gut klappt und berichten Sie danach kurz reihum, was Ihnen da eingefallen ist.

Nach einer kurzen Bedenkzeit:

GL:

Berichten Sie doch jetzt einmal reihum, was Ihnen eingefallen ist.

EL:

Berichten verschiedene Episoden, in denen positive innerfamiliäre Interaktion sichtbar wird.

GL:

Lob nach jedem einzelnen Bericht, mit kurzem Bezug auf das Erzählte, z.B.:

Schön. Das war sehr gut spürbar, wie sehr in Ihrer Familie alle bei einem Konflikt das Gespräch suchen und sich nicht aus dem Weg gehen.

oder:

Prima, das ist toll, dass Sie und Ihr Mann Ihre Zuneigung füreinander auch vor den Kindern zeigen können.

Nachdem wir alle die Berichte gehört haben, möchte ich Sie bitten, dass wir uns ein oder zwei Berichte näher ansehen. Machen Sie Vorschläge?

EL:

Machen Vorschläge, es kristallisiert sich z.B. besonderes Interesse an einem Bericht über **elterliche Einigkeit** (Bereitschaft der Eltern zusammenzuarbeiten) heraus.

GL:

Ja, gut, dann besprechen wir doch diese Schilderung noch einmal. Frau X hatte ja berichtet, dass Ihr Sohn immer wieder versuche, Mutter und Vater gegeneinander auszuspielen. Wenn die Mutter sagte, dass es vor dem Essen keine Schokolade gebe, gehe er zum Vater und versuche bei ihm die Erlaubnis zum Naschen zu erhalten. Früher habe der Vater es dem Jungen dann immer erlaubt, er fiel seiner Frau praktisch in den Rücken, aber seit kurzem mache er das nicht mehr. Er frage erst bei seiner Frau nach und unterstütze sie in der von ihr getroffenen Entscheidung.

Das ist wichtig, dass sich **Eltern in ihren erzieherischen Entscheidungen einigen** und an einem Strang ziehen. Das klappt sicher nicht immer. Aber wenn es klappt und die getroffene Entscheidung sinnvoll ist, dann ist dies für das familiäre Zusammenleben sehr hilfreich. Frau X, wie kam es zu der Einstellungsänderung Ihres Mannes?

Frau X:

Nachdem sich zeigte, dass unser Sohn nach dem Naschen keinen Hunger mehr auf das Mittagessen hatte, wurde ich immer ärgerlicher und habe das dann mit meinem Mann besprochen.

GL:

Das ist gut. Wie haben Sie das gemacht?

Frau X:

Ich habe ihm gesagt, dass ich mich darüber ärgere, dass er mir immer in den Rücken fällt und dass unser Sohn nach dem Naschen keinen Hunger mehr hat. Ich habe ihm auch gesagt, das ich das ändern möchte.

GL:

Ich finde es gut, dass Sie Ihrem Mann Ihren Ärger und Ihre **Gefühle mitteilen** konnten. Sie waren sehr aufgebracht?

Frau X:

Ich war sehr ärgerlich, aber ich habe ihm das ganz ruhig gesagt, ich bin nicht ausgerastet, das hat nämlich bei ihm keinen Zweck, dann stellt er auf stur und redet den ganzen Tag nicht mehr mit mir.

GL:

Sie haben also **ruhig mit ihm gesprochen**, ihm aber trotzdem klar gesagt, dass Sie sich ärgern. Das haben Sie sehr gut gemacht. In solchen Gesprächen ist es hilfreich, wenn Sie sog. **„Ich-Botschaften"** benutzen. Das sind Sätze, in denen Sie mit dem Wort „Ich" beginnen und mit denen Sie Ihrem Gesprächspartner Ihre Meinung und Ihr Gefühl mitteilen können. Zusätzlich haben Sie, Frau X, ihrem Mann aber auch erklärt, warum Sie das nicht mehr akzeptieren können?

Frau X:

Ja, ich habe ihm **im Gespräch erklärt**, dass sich unser Sohn immer vor dem Essen satt isst. Dafür brauche ich mir doch nicht die ganze Arbeit mit dem Kochen zu machen. Das hat mein Mann verstanden.

GL:

In anderen Situationen fällt er Ihnen auch nicht mehr in den Rücken?

Frau X:

Nein, das ist ja das Tolle. Wir haben im Gespräch das alles geklärt, dass es besser ist, dem Kind gegenüber an einem Strang zu ziehen. Wenn wir trotzdem mal verschiedener Meinung sind, bereden wir das jetzt abends, wenn der Kleine schon im Bett ist.

GL:

Sie können also Ihrem Sohn viel glaubwürdiger gegenübertreten. **Unterschiedliche Ansichten besprechen** Sie dann abends mit Ihrem Mann und **nicht während des Konfliktes** mit Ihrem Kind. Das ist gut und bringt für Ihr Kind mehr Klarheit. Hat sich seitdem Ihr Verhältnis zu Ihrem Sohn geändert?

Frau X:

Ja, irgendwie schon. Er ist nicht mehr so nörgelig und nervend. Er akzeptiert eher, wenn ich ihm was sage. Das ist viel entspannender geworden. Ich kann ihn häufiger loben, weil er weniger Mist macht und wir schmusen auch wieder mehr zusammen. Das tut uns beiden gut. Ich bin viel ausgeglichener.

GL:

Das ist toll. Eine klare Veränderung im Umgang zwischen Ihnen und Ihrem Mann führte dazu, dass Sie ausgeglichener sind, dass Ihr Sohn weniger quengelig ist, dass Sie häufiger Gelegenheit haben, Ihren Sohn zu loben und dass Sie Ihrem Sohn auch wieder mehr zärtliche Zuwendung geben können. Sie sprechen da weitere wichtige Dinge an, die die Beziehungen zwischen Eltern und Kindern verbessern können: Lob, Aufmerksamkeit geben, Zuwendung und Zärtlichkeit geben.

Wie sehen bei den anderen die Erfahrungen mit Lob, Zärtlichkeit und Zuwendung aus?

EL:

Verschiedene Meinungen und Erlebnisse werden geschildert

GL:

Fasst Berichtetes zusammen:

Sie haben Recht. **Tägliches Lob** ist wichtig. Versuchen Sie sich doch einmal hineinzuversetzen, wie es auch Ihnen als Erwachsenem geht, wenn Sie gelobt werden. Das ist schon ein schönes Gefühl. Und so geht es Ihrem Kind auch. Wenn Sie Ihr Kind täglich ganz gezielt für Dinge loben, die es gut gemacht hat und wenn Ihr Kind spürt, wie aufrichtig Sie sich als Eltern darüber freuen, dann ist dieses Lob schon eine tolle zwischenmenschliche Belohnung für Ihr Kind und wird dazu beitragen, dass dieses gelobte, von Ihnen erwünschte Verhalten häufiger auftreten wird.

Sie haben Recht, auch **Zuwendung**, oder ein zärtliches in den Arm nehmen wirkt Wunder. Zum einen tut uns allen körperliche Zuwendung gut und ist immer eine Stärkung des Selbstwertgefühles. Sie werden merken, dass aufrichtiges Loben an der richtigen Stelle und ehrliche Zuwendung das Klima in Ihrer Familie und die Beziehung zu Ihrem Kind deutlich verbessern können.

Die GL bietet an, **weitere Berichte der anwesenden Eltern zu besprechen.**

Vielleicht können wir noch andere Erlebnisse aus Ihren Familien zum Thema **„Was funktioniert gut in unserer Familie?"** miteinander besprechen. Welches Erlebnis von den vorhin geschilderten möchten Sie sich vornehmen?

Falls wesentliche **positive Kommunikationsstrategien** bisher unberücksichtigt blieben (siehe Hintergrund zur ersten Gruppensitzung), könnten diese jetzt von der Gruppenleitung vorgestellt werden:

- „Ich-Botschaften", Mitteilen eigener Gefühle und Ansichten.
- Meiden von Vorwürfen und aggressiven Äußerungen,
- geduldiges Zuhören,
- Gespräch über konkrete Situationen (ohne Verallgemeinerungen)
- Gespräch über aktuelle Inhalte (ohne uralte Konflikte aufzuwärmen),
- Bereitschaft eigene Bedürfnisse zu akzeptieren,
- Bereitschaft, die Bedürfnisse des anderen zu verstehen,

Wir haben einige Gesichtpunkte, wie man positiv miteinander umgehen kann, zusammengetragen. Ich möchte Ihnen diese Gesichtspunkte noch einmal zusammenfassen, aufgeteilt nach Sprecher – und Zuhörerfunktionen.

Die GL schreibt die Funktionen gemäß folgender Übersicht an die Tafel:

Sprecherfertigkeiten (Übersicht bei Kaiser und Hahlweg 2000):

a) Ich-Gebrauch und Selbstöffnung

b) Konkrete Situationen

c) Konkretes Verhalten

d) Thema im „Hier und Jetzt"

Zuhörerfertigkeiten

a) aufnehmendes Zuhören

b) Paraphrasieren

c) Offene Fragen (erlauben es dem Gefragten zuzustimmen oder abzulehnen)

d) Positive Rückmeldungen

e) Rückmeldung des eigenen Gefühls

Mein Vorschlag wäre, diese einmal im Rollenspiel auszuprobieren. Nicht erschrecken, keinem passiert etwas. Rollenspiele werden wir immer wieder anbieten, keiner muss mitmachen. Aber Sie werden sehen, wenn Sie sich trauen mitzumachen, dann nehmé Sie eine wichtige Erfahrung mit. Für unser erstes Rollenspiel brauchen wir zwei Freiwillige, einer spielt die Mutter, der andere den Vater. Stellen Sie sich vor, Mutter und Vater sitzen zusammen und wollen ein Thema, welches die Familie betrifft, besprechen. Beide sind jedoch unterschiedlicher Meinung. Ein Thema könnte sein, z. B. „was machen wir nächstes Wochenende?" oder etwas ähnliches, nicht zu kompliziertes. Sie führen ein Gespräch miteinander, mit dem Ziel, zu einer gemeinsamen Lösung zu kommen. Versuchen Sie dabei, sich an die Gesprächsregeln zu erinnern, die hier an der Tafel stehen: Sprecher- und Zuhörerfertigkeiten. Im Gespräch wechseln die Sprecher- und Zuhörerrollen immer wieder. Dann brauchen wir noch zwei Eltern, die das Gespräch beobachten, eine(n) Beobachter/in für die Mutter und eine(n) für den Vater. Versuchen Sie das Gespräch auf die Gesichtspunkte positiver Kommunikation hin zu verfolgen.

Wenn sich Mitspieler/innen gefunden haben, einigt man sich auf ein Thema und das Spiel beginnt. Anschließend wird das Rollenspiel im Plenum besprochen (Anleitung zum Rollenspiel beachten!).

Abschließend möchte ich Sie auf unsere **Arbeitsblätter** hinweisen. Auf diesen Arbeitsblättern sind wichtige Informationen zu den Inhalten, die wir in der Gruppe besprechen und teilweise auch noch darüber hinaus vermerkt. Ich darf Sie bitten, bis zum nächsten Treffen als so eine Art „Hausaufgabe" die **Arbeitsblätter 1a und 1b** durchzulesen und die zugehörigen **Aufgaben zum Arbeitsblatt 1a und b** zu bearbeiten. Beim nächsten Mal werden wir dann als erstes über diese Aufgaben sprechen, bevor wir uns etwas neues vornehmen. Wenn Sie mit den Inhalten und dem Verlauf dieser ersten Gruppensitzung nicht klar gekommen sind, oder wenn Sie zu Hause beim Beschäftigen mit den Aufgaben das Gefühl haben, damit gar nichts anfangen zu können, so sprechen Sie mich jetzt oder zu Beginn der nächsten Sitzung an, so dass **Sie mit mir im persönlichen Gespräch** darüber reden können.

Hiermit möchte ich mich bei Ihnen allen für die Mitgestaltung dieser ersten Gruppensitzung bedanken, das haben Sie gut gemacht. Haben Sie Geduld mit sich und uns. Oft werden Sie erst nach mehreren Gesprächssitzungen positive Veränderungen merken. Jetzt möchte ich mich verabschieden, tschüss bis zum nächsten Mal.

Zusammenfassung der ersten Gruppensitzung

Kennenlernen, Kommunikation

- **Begrüßung** *(10 Min.)*

  - Lob für den Mut eine Elternschulung zu besuchen
  - Jeder darf sich so einbringen wie er möchte
  - Vorbehalte gegenüber der Gruppe klären (evtl. Einzelgespräch)
  - Möglichkeit des kurzen Einzelgesprächs im Anschluss an die Sitzung
  - Möglichkeit der Vermittlung weitergehender Hilfe

- Einführung der **Gruppenregeln** *(5 Min.)*

  - Schweigepflicht
  - Sprecher-/Zuhörer-Disziplin
  - Akzeptanz

- **Kennenlernrunde** (Namen, Kinder, Alter, Familiensituation, berufliche Situation, Motivation zur Elternschulung, Erwartung an Elternschulung)

  - gegenseitiges Interview in Zweiergruppe *(10 Min.)*

anschließend Vorstellung des Gesprächspartners im Plenum *(10 Min.)*

- Erarbeitung **positiver Beziehungsaspekte** in den Familien anhand konkreter Beispiele aus den Familien *(insgesamt 45 Min.)*
  Beispielgeschichte: Eltern haben unterschiedliche erzieherische Ansichten, finden im Gespräch jedoch immer wieder zum Konsenes oder Kompromiss.

- Besprechung wenn möglich folgender **positiver Kommunikationsstrategien** und ihrer Voraussetzungen:

  - Gesprächsbereitschaft als Grundhaltung

  - Bedürfnisse und Gefühle erkennen, aussprechen und akzeptieren (die eigenen und die des anderen)

  - konstruktive Gesprächsattribute (wenn möglich ruhig und sachlich, zuhören, anerkennen, Ich-Botschaften, keine Beleidigungen, aktuelle und konkrete Anlässe bevorzugen),

  - Bereitschaft zur elterlichen Zusammenarbeit,

  - Bereitschaft, dem Kind Aufmerksamkeit und Zuwendung zu geben (Lob, Ermutigung, Anleitung, Zuneigung verbal und nonverbal (durch körperliche Zuwendung und Zärtlichkeit) zeigen)

- **Rollenspiel:** *(insgesamt 15 Min.)*
  Diskussionsthema zwischen den Eltern (z.B. Urlaubsplanung, Wochenendplanung etc.) wird von jeweils 2 Teilnehmern gespielt, evtl. mehrere Besetzungen, Diskussion im Plenum, vorher kurze Einführung in:

  - **Sprecherfertigkeiten** (Übersicht bei Kaiser und Hahlweg 2000):

    a) Ich-Gebrauch und Selbstöffnung
    b) Konkrete Situationen
    c) Konkretes Verhalten
    d) Thema im „Hier und Jetzt"

  - **Zuhörerfertigkeiten:**

    a) aufnehmendes Zuhören
    b) Paraphrasieren
    c) Offene Fragen (erlauben es dem Gefragten zuzustimmen oder abzulehnen)
    d) Positive Rückmeldungen
    e) Rückmeldung des eigenen Gefühls

- Hausaufgabe: Aufgaben zu **Arbeitsblatt 1a und 1b**

Zweite Gruppensitzung:
Regeln für das Zusammenleben, Familienrat

Materialien

- Arbeitsblatt 2: Regeln für das Zusammenleben / Familienrat / Erziehungsziele
- Aufgaben zu Arbeitsblatt 2

Ziele

- Vertiefung positiven Kommunikationsverhaltens
- Analyse der negativ empfundenen Aspekte familiären Zusammenlebens
- Formulieren von Zielen für ein besseres familiäres Zusammenleben
- Regeln für das Zusammenleben und Familienrat

Hintergründe

Schwerpunkt der zweiten Sitzung ist die Beschäftigung mit ungünstigen Kommunikationsmustern in den betroffenen Familien. Diese Muster, die von Eltern oft belastend erlebt werden, sind nicht selten eigentlicher Beweggrund, elternschulende Maßnahmen zu besuchen. Neben der Identifizierung ungünstiger Interaktionsmuster ist die Aufklärung möglicher Ursachen wünschenswert, was aber mitunter die Möglichkeiten einer elternschulenden Gesprächsgruppe übersteigen kann und evtl. ein familientherapeutisches Vorgehen für die eine oder andere Familie notwendig macht (Burnham 1995). Trotzdem sollte den Eltern vermittelt werden, dass eine schuldzuweisende Haltung gegenüber dem Kind überdacht und relativiert werden muss. Eltern müssen lernen, ihre eigenen Anteile am Verhalten ihrer Kinder zu erkennen. Das kann schmerzvoll sein und zu elterlichem Vermeidungsverhalten mit Abbruch des Kursbesuches führen. Außerdem sollten erstrebenswerte Ziele für das familiäre Zusammenleben erarbeitet werden, die mit Hilfe von Familienregeln erreicht werden können.

Nachdem die **Hausaufgaben besprochen** worden sind und Fragen geklärt wurden, wird von der Gruppenleitung der Schwerpunkt der zweiten Sitzung vorgestellt. Es ist hilfreich vorweg anzusprechen, dass manche Eltern von den Inhalten dieser Sitzung unangenehm berührt sein könnten, da die selbstkritische Auseinandersetzung auch mit dem eigenen Verhalten gefordert ist.

Der Einstieg in das Thema der Sitzung kann ähnlich wie bei der ersten Sitzung durch Sammeln unangenehmer Erfahrungen innerhalb der Familie aus dem Kreis der teilnehmenden Eltern erfolgen. Die Gruppenleitung beginnt analog zur ersten Sitzung mit einem eigenen **Erfahrungsbericht**, um Hemmschwellen abzubauen. Es sei darauf hingewiesen, dass kein Elternteil zur Mitarbeit verpflichtet ist.

Nachdem die Erfahrungen der einzelnen Eltern zusammengetragen wurden, können gemeinsam **ungünstige elterliche Verhaltensstile** im Umgang miteinander aber vor allem auch im Umgang mit dem Kind benannt werden (Penthin 2001, Petermann 1997, Sanders 2000). Zu diesen ungünstigen elterlichen Verhaltensweisen gehören:

- fehlende Gesprächsbereitschaft (keine Gelegenheit zur Klärung von Konflikten)

- demütigende, beleidigende Sprache, gewalttätiges Verhalten (Demütigung mit Beeinträchtigung des Selbstwertgefühls und der Gefahr der Induktion psychischer Störungen und Vorleben eines ungünstigen Vorbildes)

- ungünstige elterliche Vorbilder (Eltern sollten ihren Kindern nicht das vorleben, was sie selbst bei ihren Kindern ablehnen)

- Ignorieren von erwünschtem Verhalten (fehlendes Lob und fehlende Aufmerksamkeit in den Situationen, in denen sich Kinder erwünscht verhalten),

- Inkonsequenz (Konsequenzen ankündigen ohne sie durchzuführen, „nein sagen" und doch zulassen etc.)

- Akzeptanz von unangemessenem Verhalten des Kindes und des Partners (resignierendes und vernachlässigendes Elternverhalten)

- unklare elterliche Forderungen, zuviel Anweisungen (Kind erkennt nicht was den Eltern wirklich wichtig ist)

- unangemessene elterliche Reaktionen (überzogene Strafen, inhaltliche Überforderung des Kindes durch nicht altersgemäße Erwartungen)

In der Gruppe sollte sodann besprochen werden, was in der jeweiligen Familie als dringend änderungsbedürftig empfunden wird. Die Gruppenleitung fasst anschließend die vorgebrachten Punkte zusammen und führt das System der **Regeln für das Zusammenleben** ein (Kast-Zahn 1997, Sanders 2000), die klar und wenn möglich positiv (ohne eine Negation mittels „nicht") formuliert sein sollten. Diese Regeln müssen fair sein, d.h. wenn möglich für alle gelten. Sollten einzelne Regeln für Eltern und Kinder unterschiedlich sein, so muss dieses den Kindern kindgemäß begründet werden. Diese Regeln sollten überschaubar in ihrer Anzahl sein und die für die Familie wirklich wichtigen Dinge regeln (Beispiele: Die Regel: „Wir sprechen mit ruhiger Stimme" vermittelt den innerfamiliären Anspruch, sich nicht mit lauter Stimme in Konflikten anzuschreien oder zu beschimpfen, dies bedeutet jedoch nicht, anstehende Konflikte nicht auszutragen, sondern diese in angemessener verbaler Form miteinander zu regeln. Die Regel: „Wir vertragen uns" besagt, dass keine körperlichen Auseinandersetzungen in der familiären Konfliktaustragung akzeptiert werden.) Regeln müssen altersangepasst aufgestellt und formuliert werden. Sie müssen also den entwicklungspsychologischen Voraussetzungen des Kindes Rechnung tragen. Kinder dürfen durch Regeln nicht überfordert werden. Wenn während der Sitzung mögliche Familienregeln für die einzelne Familie entwickelt werden, so muss die Gruppenleitung mit den Eltern zusammen die **entwicklungspsychologische Angemessenheit** der jeweiligen Regel untersuchen. Zu diesem Zweck sei an dieser Stelle auf die zusammenfassenden Arbeitsblätter zur Entwicklungspsychologie (Arbeitsblatt 11-16) verwiesen bzw. auf ausführliche zusammenfassende Literatur zu diesem Thema (Dornes 1994, Dornes 1999, Oerter 1987, Penthin 2001, Schenk-Danziger 1993, Schenk-Danziger 1998).

Nachdem für die Familie jeweils eine Familienregel formuliert wurde, wird das Instrument des Familienrates (Dreikurs 1985, Petermann 1994) durch die Gruppenleitung bekannt gemacht. Der **Familienrat** ist sozusagen das institutionalisierte innerfamiliäre Gespräch mit demokratischen Regeln, an dem alle Familienmitglieder gemäß ihres Entwicklungsstandes beteiligt werden können. Ein Familienrat kann regelmäßig oder auch nur sporadisch einberufen werden, wenn ein Familienmitglied Bedarf nach dieser Form der Kommunikation verspürt. Eine Voraussetzung für eine gleichberechtigte Teilnahme der Kinder ist jedoch eine gewisse sprachliche Entwicklung, die aber schon bei vielen Vorschulkindern erreicht wird. Themen für den Familienrat können der Umgang miteinander (z .B. der Kommunikationsstil), die Strukturierung gemeinsamer Zeit (z.B. Feriengestaltung), die Organisation familiären Alltags (z.B. Aufteilung der Aufgaben im Haushalt), Formulierung von innerfamiliären Problemen und der möglichen Lösungen (z.B. Vaters Gesprächsstil ist zu rau, der Organisationsstil bei der Schulaufgabenbewältigung ist zu chaotisch und konfliktträchtig etc.) sein. Grundsätzlich ist jedes Familienmitglied gleichberechtigt, jedem wird ruhig zugehört, es gibt keine inhaltlichen Tabus, keiner wird für seine Äußerungen und Ansichten bestraft. Entscheidungen sollten wenn möglichst einstimmig gefällt werden, ohne „demokratisches" Überstimmen, manchmal sind Diskussionen, in denen gute Argumente für die eigene Position formuliert werden müssen, notwendig (z.B. kann der 5-jährige Sohn durchaus an der Entscheidung, welches neue Auto angeschafft wird beteiligt werden. Auch wenn die Entscheidung letztlich die Erwachsenen treffen müssen, kann vorher auch gegenüber dem Kind argumentative Überzeugungsarbeit geleistet werden). Der Familienrat ist eine ideale Einrichtung zum Austausch und zur Diskussion ohne Tabus. In der alltäglichen Konfliktsituation mit emotionaler Aufwühlung von Eltern und Kindern sind langwierige Diskussionen jedoch nicht angebracht (siehe dritte Gruppensitzung). Zum Thema Regeln für das Zusammenleben und Familienrat sei auch auf das **Arbeitsblatt 2** verwiesen.

Nach Erarbeitung der Grundlagen zu den Regeln für das Zusammenleben und zum Familienrat können hierzu Rollenspiele angeboten werden, in denen für die Gruppe relevante Vorschläge zu den Familienregeln in einem gespielten Familierat „erarbeitet" werden können.

Beispiel für einen möglichen Ablauf der zweiten Gruppensitzung

GL:

Ich möchte Sie alle herzlich zur zweiten Gruppensitzung begrüßen. Als erstes möchte ich mit Ihnen die „**Hausaufgaben**" besprechen. Vielleicht hat der eine oder andere Zeit gefunden, sich mit Arbeitsblatt 1a und 1b und den zugehörigen Aufgaben zu beschäftigen?

EL:

Beiträge aus der Elternschaft sammeln

GL:

Prima, dass Sie sich so eifrig mit dem **Thema „positive Beziehungsmuster gestalten"** beschäftigt haben. Ich würde gerne kurz noch einmal die Punkte „**Loben**" und „**Zuwendung zeigen**" wiederholen, da diese für das Eltern-Kind-Verhältnis von großer Bedeutung sind. Für beide Punkte gibt es Regeln, die auf den Arbeitsblättern vermerkt sind. Wie loben Sie, was haben Sie sich dazu überlegt?

EL 1:

Ich möchte viel häufiger loben.

GL:

Ja und wann?

EL 1:

Wenn mir danach ist.

GL:

Das ist wichtig. Aber es gibt noch eine wichtige Voraussetzung zum Loben.

EL 2:

Dem Lob muss etwas Lobenswertes vorausgegangen sein.

GL:

Sehr gut. Das Lobenswerte kann in der einen Familie schon eine Kleinigkeit sein, die in der anderen Familie schon völlig selbstverständlich ist. Wenn ein Kind sich seine schmutzigen Schuhe abtritt bevor es den Flur betritt, so kann dies durchaus ein dickes Lob wert sein, denn dadurch fühlt es sich belohnt und wird zukünftig dieses Verhalten von sich aus zeigen. Was ist noch wichtig bei einem Lob? Haben Sie eine Idee?

EL 2:

Ein Lob muss echt klingen und muss präzise formuliert sein.

GL:

Genau, sehr schön. Wenn ein **Lob** aus innerer Überzeugung kommt, so wirkt es **glaubwürdig** und das ist sehr wichtig. Und, Sie haben völlig recht, ein Lob muss präzise sein, Sie sollten **genau formulieren**, was Sie loben wollen, z.B.: Ich finde es echt toll, dass du dir die Schuhe abgeputzt hast." Dabei wurde genau beschrieben, was Sie lobenswert fanden. Und wenn Sie dann das Lob noch mit ehrlichem Lächeln, weil Sie sich wirklich freuen, und **mit einer freundlichen Geste** (z.B. freundliches in den Arm nehmen) **begleiten**, dann wirkt es mit Sicherheit und Ihnen und Ihrem Kind geht es besser. Bitte denken Sie daran: Loben kann man nie genug. Das ist genau wie mit einem leckeren Essen, spätestens am nächsten Tag hat man trotzdem wieder Hunger.

Haben Sie bezüglich Zuwendung bei Ihrem Kind etwas anders machen können?

EL:

Äußerungen werden gesammelt

GL:

In ähnlicher Weise werden nochmals wichtige Punkte zur **Zuwendung** (siehe Arbeitsblatt 1b) durch fragendes Hinführen mit den Eltern zusammengefasst.

Nun möchte ich zum **Thema der heutigen Sitzung** kommen. Nachdem wir besprochen haben, was alles gut funktioniert in unseren Familien, möchte ich nun mit Ihnen besprechen, was alles nicht so gut funktioniert, worunter Sie im Zusammenleben mit Partner oder Kind leiden, welche **Probleme in Ihrer Familie** drücken, welche Dinge Sie letztlich dazu bewegt haben, eine Elternschulung zu besuchen. Ich würde vorschlagen, dass wir das wieder reihum machen, so wie beim letzten Mal. Dieses Thema ist für viele Menschen manchmal nicht so einfach. Wenn Sie dazu nichts sagen wollen oder erst einmal zuhören möchten, so ist das völlig in Ordnung. Wenn Sie nichts dagegen haben, fange ich einfach wieder an.

EL:

Die Reaktionen der EL werden abgewartet.

GL:

Gut. *Ich möchte von einer Familie berichten, in der die Mutter darunter litt, dass ihr drei-jähriger Sohn immer alle Kinder im Kindergarten und auf dem Spielplatz angriff. Er schlug richtig zu. Die anderen Kinder weinten und die Mutter hatte ständig Ärger mit den anderen Müttern. Auch zu Hause wurde sie selbst immer häufiger von dem Kleinen geschlagen, wenn er wütend war. Angefangen hatte das Ganze als der Kleine zwei Jahre alt wurde und die ersten Kontakte mit anderen Kindern in der Kindergruppe stattfanden. Er ließ sich nie etwas gefallen. Wenn die Anderen ihm etwas wegnehmen wollten, so ließ er das nicht zu, schubste die Anderen weg und riss ihnen das Spielzeug wieder aus der Hand. Die Mutter war stolz auf ihr Kind, dass der kein „Weichei" war, so drückte sie sich aus. Sie lächelte stolz, wenn ihr Sohn sich wieder einmal auf seine Art durchgesetzt hatte. „Der kommt auf den Vater", dachte sie, der ließ sich auch nichts gefallen. Selbst sie bekam von ihrem Mann schon mal eine Ohrfeige, wenn er „schlecht drauf war". Aber jetzt traute sie sich in keine Kindergruppe mehr und wusste sich nicht mehr zu helfen. Sie gab ihrem Sohn immer wie-der kräftig „ein paar auf den Po", so drückte sie sich aus, aber auch das half nicht.*

So das war die Geschichte, die ich Ihnen erzählen wollte. Was haben Sie zu berichten, was klappt nicht so gut.

EL:

Berichte der EL werden zusammengetragen

GL:

Kommentiert lobend.

Es ist gut, dass Sie den Mut hatten auch solche unangenehmen Erlebnisse zu erzählen. Bei uns allen läuft nie alles glatt.

Bei ein oder zwei Beispielen aus der Elternschaft werden durch **„fragendes Hinführen"** Punkte ungünstigen elterlichen Verhaltens (siehe Liste in Kapitel „Hintergründe zur zweiten Gruppensitzung") herausgearbeitet.

Nachdem wir gesehen haben, dass manches ungünstige kindliche Verhalten durch unser **ungünstiges Elternverhalten** begünstigt wird, sollten wir uns fragen wie wir das ändern können. Wir müssen also bei uns anfangen. Ich möchte Sie in diesem Zusammenhang mit sogenannten **Regeln des Zusammenlebens** bekannt machen. Hat schon jemand eine Vor-stellung, was das sein könnte?

EL 3:

Das sind Regeln, die beschreiben, wie man miteinander umgehen kann.

GL:

Sehr gut. Für wen gelten diese Regeln?

EL 3:

Für alle, auch für uns Eltern.

GL:

Genau, das ist wichtig. Dadurch dass diese Regeln auch für uns gelten passiert etwas ganz wichtiges.

EL 2:

Wir gehen sozusagen mit gutem Beispiel voran.

GL:

Richtig. Das ist ganz wichtig. Kinder **lernen** nämlich auch ganz wesentlich **durch Nachahmung.** Wenn der Vater die Mutter schlägt und die Mutter den Sohn, so ist das natürlich sehr bedrückend aus unserer Sicht. Der Sohn aber lernt: Vater schlägt, Mutter schlägt, also ist Schlagen normal. Wie könnte in dieser Situation eine entsprechende Familienregel formuliert werden?

EL 2:

Wir schlagen nicht!

GL:

Prima, ganz genau. Könnten Sie dieses noch anders formulieren, vielleicht ohne das Wort „nicht"?

EL 1:

Keine Gewalt in unserer Familie.

GL:

Auch eine gute Möglichkeit. Man könnte auch sagen: „Wir vertragen uns". Dann hätte man eine Verneinung vermieden. Denn gerade bei kleinen Kindern kann das verneinende Wörtchen „Nicht" auch schon einmal überhört werden. Bei Regeln für das Zusammenleben muss man also Folgendes beachten?

GL wartet auf Reaktionen

EL 4:

Man muss sich fragen, ob das Kind die Regel schon versteht.

GL:

Ganz wichtig, genau. Man muss sich immer fragen, ob ein Kind mit einer Regel vielleicht überfordert ist, da es noch zu jung ist, diese zu verstehen. Genauso muss man sich aber fragen, ob....?

EL 4:

Ob ein Kind vielleicht schon zu alt für eine Regel ist.

GL:

Klasse, Sie sind echt gut. Es gibt natürlich auch Forderungen von uns Eltern an Kinder, die vielleicht überzogen sind. So ist z.B. die Regel: „Wir essen gemeinsam zu abend" für ein sechsjähriges Kind wichtig und zumutbar, für einen sechzehnjährigen jungen Mann in mancher Situation aber unrealistisch und hemmend. Es ist also wichtig, dass wir uns immer fragen, ob die jeweilige **Regel altersangemessen** ist. Das möchte ich gerne mit Ihnen üben. Ich möchte Sie alle bitten, eine für Sie wichtige Familienregel zu formulieren, die wirklich wichtig für Sie ist. Gemeinsam können wir dann darüber nachdenken, ob diese Regel für Ihr Kind altersangemessen ist. Die **Arbeitsblätter 11-16** helfen Ihnen dabei, solche Entscheidungen zu bedenken. Dort ist kurz zusammengefasst, was ein Kind in welchem Alter kann. Gehen wir doch wieder reihum vor . Welche Familienregel wäre für Sie wichtig?

EL:

EL formulieren Regeln. Bei jeder einzelnen wird die Altersangemessenheit geprüft und von Seiten der GL mit angemessenem Lob gearbeitet.

GL:

Gut, nun werden Sie sich fragen wie man **in einer Familie Regeln aufstellen kann**. Vielleicht ist für Sie persönlich eine Sache besonders wichtig, für Ihren Partner ist diese Sache jedoch vielleicht ohne Bedeutung. Haben Sie Ideen?

EL 1:

Durch ein gemeinsames Gespräch.

GL:

Sehr gut, durch ein Gespräch. Nun könnte es aber sein, dass Ihr Partner auf seiner Meinung beharrt und Streit entsteht.

EL 2:

Ja, das kenne ich gut. So ist das bei uns. Mein Mann will immer das letzte Wort haben.

GL:

Ja das kann in der Tat ein Problem sein. Daher möchte ich Sie mit dem sogenannten Familienrat bekannt machen. Haben Sie davon schon gehört?

EL:

Eltern bringen ihre Kenntnisse und Assoziationen vor

GL:

Durch „fragendes Hinführen" werden die Besonderheiten des Familienrates (siehe **Arbeitsblatt 2**) gemeinsam erarbeitet. Anschließend soll das Erarbeitete in einem gemeinsamen **Rollenspiel „Familienrat"** ausprobiert werden. Es melden sich „Spieler", die die Familienrat haltende Familie spielen und Beobachter, die das Geschehen beobachten und anschließend beschreiben und kommentieren können. Das Thema des gespielten Familienrates wird idealerweise den für die Familien relevanten Themen, die im Rahmen der Familienregeln besprochen wurden, entnommen.

Der Familienrat kann vielleicht nicht in jeder Familie eingeführt werden, weil sich manche Eltern nicht auf ein wirklich gleichberechtigtes Gespräch einlassen können. Ich darf Sie daher bitten, sich bis zum nächsten Mal mit **Arbeitsblatt 2** und den **zugehörigen Aufgaben** zu beschäftigen. Haben Sie Fragen?

Abwarten ob Fragen oder Einwände kommen. Diese werden dann kurz besprochen.

Ansonsten freue ich mich schon jetzt auf das nächste Treffen. Heute haben sie wieder sehr gut mitgearbeitet. Tschüss bis zum nächsten Mal.

Zusammenfassung der zweiten Gruppensitzung

Ungünstiges Elternverhalten, Regeln für das Zusammenleben, Familienrat

- **Begrüßung**

- **Besprechung der Aufgaben** zu Arbeitsblatt 1a und 1b, die zwischenzeitlich von den Familien zu Hause erledigt werden sollten *(30 Min.)*:

  - **Thema:** positive Beziehungsgestaltung durch

    a) Gesprächsbereitschaft und positive Kommunikation
    b) Lob
    c) Zuwendung

  - **Klärung** von Missverständnissen. Besprechung, was gut geklappt hat, Besprechung, was nicht funktioniert hat, Erarbeitung möglicher Ursachen für Probleme beim Bewältigen der Aufgaben.

- Erarbeitung der **Themen der zweiten Sitzung** in der Gruppe:

  - **Nachteiliges Elternverhalten**, welches sich ungünstig auf das Verhalten der Kinder auswirkt *(20 Min)*:

    Beispielgeschichte: Das aggressive Verhalten eines Dreijährigen gegenüber Gleichaltrigen wird von der Mutter bewundernd verstärkt, obwohl sie oft selbst unter dem aggressiven Verhalten des Kindes und ihres Mannes leidet.

    a) fehlende Gesprächsbereitschaft
    b) demütigende Sprache
    c) Gewalt
    d) ungünstiges elterliches Vorbild
    e) Ignorieren erwünschten Verhaltens
    f) unklare Äußerungen
    g) unangemessene Reaktionen (harte Strafen, Überforderungen)
    h) Inkonsequenz
    i) dem Alter des Kindes unangemessene Erwartungen (s. Arbeitsblätter 11 bis 16)

  - Einführung der **Regeln für das Zusammenleben** zur Verbesserung der innerfamiliären Kommunikation *(20 Min.)*:

    a) orientieren sich an zwischenmenschlichen Werten
    b) fair
    c) überschaubare Anzahl
    d) gelten, wenn möglich für alle Familienmitglieder (Eltern als Vorbild), altersangemessen (formuliert)

  - **Familienrat:**

    a) Gleichberechtigung
    b) Sprecher-/ Zuhörerregeln
    Entscheidungen wenn möglich im Konsens

c) Alles darf gesagt werden

d) Evtl. Vertrag

- Erprobung des Familienrates im **Rollenspiel** *(20 Min.)*
  Eltern und zwei Kinder sitzen gemeinsam am Tisch und halten Familienrat wegen eines Konfliktes (z. B. Ausgehzeiten der Kinder, Regeln für die Hausaufgaben, Planung einer gemeinsamen Unternehmung etc.)

- Hinweise auf **Arbeitsblatt 2** und die **Aufgaben** zu Arbeitsblatt 2

Dritte Gruppensitzung:
Stärkung der positiven Seiten des Kindes

Materialien

- Arbeitsblatt 3: Möglichkeiten zur Stärkung der positiven Seiten des Kindes
- Aufgaben zu Arbeitblatt 3
- Verhaltensfragebogen 1: Positives Verhalten des Kindes
- Verhaltensfragebogen 2: Beschreibung und Beobachtung von Problemverhalten des Kindes
- Verhaltensfragebogen 3: Problemverhalten des Kindes

Ziele

- Stärkung der positiven Seiten des Kindes
- Elterliche Anleitung ihrer Kinder

Hintergründe

Nachdem günstige und ungünstige Kommunikationsstrategien im familiären Zusammenleben behandelt wurden, sollen jetzt gezielte Strategien zur Veränderung von Verhalten erarbeitet werden. Diese Strategien wirken über lernpsychologische Mechanismen (Edelmann1996), die hier kurz resümiert werden sollen:

Lernen am Modell: Dieser Mechanismus wirkt über Vorbildfunktionen des Modells, dessen Verhalten vom Beobachter (in unserer Situation meist vom Kind) imitiert und nach Erfolg in das eigene Verhaltensrepertoire übernommen wird.

Beim **operanten Lernen** wirken verschiedene Mechanismen:

- positive Verstärkung:
  Ein Verhalten kann verstärkt werden, d.h. die zukünftige Auftretenswahrscheinlichkeit eines Verhaltens kann erhöht werden, durch unmittelbar an das Verhalten (oder Erleben eines Gefühls) anschließende Reaktionen mit belohnendem Charakter (z.B. Lob, Zuwendung, Punktekarten etc.).

- Kontingenz:
  je unmittelbarer und regelhafter eine Verstärkung auf ein Verhalten folgt, desto wirksamer ist die Verstärkung für den Aufbau eines Verhaltens.

Als Möglichkeiten, erwünschtes Verhalten und erwünschte Fähigkeiten bei Kindern aufzubauen, haben sich Strategien mit elterlicher Vorbildfunktion, mit interessiertem elterlichen Anleiten (Lernen am Modell in Verbindung mit positiver Verstärkung) und Belohnungsstrategien wie Lob, Zuwendung, Tokensysteme (z.B. Punktepläne) bewährt (siehe Arbeitsblatt 3) (Döpfner 1997, Sanders 2000). Die Details dieser Strategien werden im Beispiel für einen möglichen Ablauf der dritten Sitzung und im Arbeitsblatt 3 beschrieben.

Schon zu Beginn der Sitzung können Eltern zu der Erkenntnis geführt werden, dass es hilfreich ist, das Gute, das in ihren Kindern steckt, besonders zu beachten und dieses nicht als selbstverständlich hinzunehmen, sondern den Kindern mit Lob und Anerkennung die Wertschätzung dieser positiven Seiten und die Wertschätzung ihrer gesamten Person zu vermitteln. Denn diese positiven Eigenschaften (z. B. Neugier, Interesse, Hilfsbereitschaft, der Drang etwas selbst zu machen, das Bedürfnis nach körperlicher Nähe, die Fähigkeit, sich selbst zu beschäftigen, Freundlichkeit, etc.) sind die Ressourcen, auf die man aufbauen kann, die man stärken kann. Durch Lob und Anerkennung in Bezug auf ihre positiven Seiten, wird das Selbstwertgefühl und das allgemeine Lebensgefühl der Kinder gestärkt mit der Folge, dass sich allein dadurch das Familienklima schon positiv verändern kann. Andererseits wird das Selbstwertgefühl der Kinder auch mit dem zunehmenden Erleben der eigenen Kompetenzen verbessert. In der Hausaufgabe nach dieser Stunde, haben die Eltern nochmals die Möglichkeit, auch die positiven Seiten ihrer Kinder zu fokussieren.

Beispiel für einen möglichen Ablauf der dritten Gruppensitzung

GL:

Begrüßung und Besprechung der „Hausaufgaben":

Vielleicht haben Sie sich zu Hause mit Arbeitsblatt 2 und den zugehörigen Aufgaben beschäftigt. Die **Formulierung von Erziehungszielen, Regeln für das Zusammenleben** und die Beschäftigung mit dem **Familienrat**, aber auch die Erziehungshaltungen ihrer eigenen Eltern waren das Thema. Konnten Sie zu Hause Erfahrungen mit diesen Dingen sammeln, was haben Sie erlebt?

EL:

EL können über Erfahrungen und Erkenntnisse berichten.

GL:

Konkretes Lob für die Berichte. GL. fasst ganz kurz die positiven Erfahrungen und die Schwierigkeiten zusammen, z.B.:

Vielen Dank für die eindrucksvolle Schilderung Ihrer Erfahrung mit dem **Familienrat**. Ihre Kinder waren von dieser Einrichtung begeistert, da sie das Gefühl hatten, ein Mitspracherecht zu haben. Das Gefühl hatten Ihre Kinder, wenn ich Sie richtig verstanden habe, früher nicht. Die Familienstimmung ließ sich dadurch bessern. Außerdem berichteten Sie, dass es schwierig war den Familienrat regelmäßig einzuberufen. Haben Sie schon eine Idee, wie sie das mit dem Familienrat zukünftig versuchen wollen ?

EL:

EL können Pläne diesbezüglich vorbringen.

GL:

Fasst das Gesagte erneut zusammen und ermutigt, die EL das Gespräch miteinander in der Familie zu kultivieren, z.B.:

Ich denke, dass es eine gute Idee ist, möglichst bald nach dem Auftreten eines Problems, dieses **Problem mit den Beteiligten** zu **besprechen**, z.B. am Abend , wenn ein wenig Ruhe eingekehrt ist. Es kann somit sein, dass Sie mehrere Tage hintereinander Probleme miteinander bereden müssen, bis eine **für alle Beteiligten zufriedenstellende Lösung** gefunden wurde, und dass dann mehrere Wochen keine Problemerörterungen nötig sind. Ein regelmäßiges Zusammenkommen im Sinne eines Familienrates kann sinnvoll sein, kann aber auch in einer Familie unrealistisch sein und dann ist es besser sporadisch, relativ zeitnah zum Problem (allerdings möglichst nicht in einem echauffierten Konflikt) die Situation miteinander zu bereden.

Schön, als **Thema für heute** würde ich gerne mit Ihnen besprechen, wie Sie die positiven Seiten Ihrer Kinder stärken können, wie Sie Ihre **Kinder beim Erlernen erwünschten Verhaltens und neuer Fähigkeiten unterstützen** können. Manchmal kann es nämlich sein, dass Sie unter einem Verhalten Ihres Kindes leiden und Sie immer wieder in einen lautstarken, unerfreulichen Konflikt mit Ihrem Kind geraten, da sie möchten, dass Ihr Kind dieses Verhalten aufgibt. Nun kann es aber durchaus sein, dass Ihr Kind noch keine richtige Alternative zu seinem störenden Verhalten gelernt hat. Nehmen wir zum Beispiel folgende Begebenheit:

Ein 4-jähriger Junge trödelt morgens mit dem Anziehen immer herum, er fängt einfach nicht an. Die Eltern, die selbst im morgendlichen Stress sind, schimpfen immer wieder, er solle sich endlich anziehen, er sei ja schließlich schon ein Kindergartenkind und das müsse er ja schließlich können. Dann kümmerten sich die Eltern wieder um ihre eigenen morgendlichen Aufgaben. Fünf Minuten später war der Junge wieder keinen Schritt weiter gekommen. Erneut reagierten die Eltern mit Schimpfen, was wiederum erfolglos war. Das „Spiel" ging so weiter, bis der Mutter schließlich „der Kragen platzte" und sie ihren Sohn missmutig und genervt selbst anzog. Dieses „Ritual" ging schon seit Monaten so.

Was fällt Ihnen bei dieser Geschichte auf?"

EL:

Bemerkungen werden gesammelt und die konstruktiven Ansätze zur Problemlösung von der GL aufgegriffen., z.B.:

GL:

Genau, in diesem Beispiel war der Junge scheinbar völlig überfordert. Den komplexen Vorgang des Anziehens hatte er bisher nur passiv erlebt. Er wurde letztendlich von der Mutter immer wieder angezogen. Natürlich konnte er sich einzelne Kleidungsstücke anziehen – das ist die positive Basis, auf die wir aufbauen können – aber den komplexen Vorgang des kompletten Anziehens in der richtigen Reihenfolge hatte er noch nicht gelernt, das hatten ihm die Eltern immer wieder abgenommen. Schimpfen ist da also nicht hilfreich, der Junge hat keine eigene aktive Erfahrung im Anziehen. Was könnten die Eltern versuchen?

EL 1:

Man müsste dem Jungen beibringen, wie er sich anziehen kann.

GL:

Gute Idee. Wie würden Sie vorgehen?

EL 1:

Ich würde mich zu ihm stellen und ihm sagen, was er zuerst anziehen soll, was als nächstes usw. weiter bis er angezogen ist.

GL:

Ja, das könnte man machen. Dabei ist der Junge aber immer noch relativ passiv, da Sie ihm sagen was er tun soll. Könnten Sie den Jungen zu noch mehr Aktivität motivieren?

EL 2:

Ich könnte ihn fragen, was er als erstes tun muss und was als nächstes.

GL:

Sehr gut. Der Junge hat den Vorgang passiv schon oft erlebt. Durch das Fragen kann er sich das Erlebte Schritt für Schritt bewusst machen. Wenn der Junge aber nicht weiß wie es weitergeht?

EL 2:

So könnte ich den Schritt noch kleiner gestalten oder es ihm sagen.

GL:

Ja, das wären gute Möglichkeiten. Versuchen Sie dieses Vorgehen doch einmal spontan mit einem anderen EL **im Rollenspiel „Beim Lernen begleiten"** zu spielen. Stellen Sie sich vor, Sie sind die Mutter oder der Vater, wer könnte den Jungen spielen?

EL:

Ein Elternteil meldet sich.

GL:

Schön. Kommen Sie doch einfach in die Mitte und fangen Sie an.

EL 1:

Ich möchte, dass du dich anziehst. Komm, wir machen das zusammen. Womit fängst du an? Was ziehst du als erstes an?

EL 2:

Weiß ich nicht. Du sollst mich anziehen.

EL 1:

Ich weiß ja wie man sich anzieht. Aber Ich möchte, dass du das auch lernst. Erinnerst du dich, was ich dir immer zuerst angezogen habe?

EL 2:

Die Unterhose.

EL 1:

Genau, Prima. Also zieh sie dir an.

EL 1:

Das hast du gut gemacht. Was kommt jetzt?

EL 2:

Die Strümpfe.

EL 1:

Schön, also los.

etc.

GL:

Prima, das haben Sie gut gemacht. Der Junge hat es Ihnen zunächst auch noch schwer gemacht, so wie im täglichen Leben. So können Sie Schritt für Schritt das Kind sich selbst zum Ziel führen lassen. **Sie erfragen beim Kind jeden zu erlernenden Schritt, so dass das Kind selbst die Lösung finden kann.** Jeder Schritt wird mit freundlichem Lob bekräftigt. Manchmal kann ein Kind mit den einzelnen Schritten jedoch immer noch überfordert sein. Fallen Ihnen **weitere Möglichkeiten der Hilfestellung** für das Kind ein?

EL:

Vorschläge werden gesammelt.

GL:

Genau, Sie könnten Ihrem Kind die einzelnen Schritte vormachen. In unserem Beispiel könnten Sie sich gemeinsam Schritt für Schritt mit dem Kind zusammen anziehen. Das Kind kann sich also den einzelnen Schritt bei Ihnen abgucken. Sie sind also direkt praktisches Vorbild. Unsere **elterliche Vorbildfunktion** ist sehr wichtig, da Kinder natürlicherweise in den ersten Lebensjahren gerne imitieren und durch Imitation spielerisch lernen können. Das Lob wirkt als Belohnung und verstärkt den erlernten Schritt. Wenn das erwünschte Verhalten nur zögerlich erlernt wird, so kann weiterer Belohnungsanreiz hilfreich sein. Haben Sie eine Idee?

EL:

Tragen Ideen zu möglichen **lernverstärkenden Belohnungen** zusammen.

GL:

Schön. Es gibt beim Genannten hilfreiche und weniger hilfreiche Strategien.

EL 1:

Ich finde es nicht gut mit Gummibärchen zu belohnen, das ist wie im Zirkus.

GL:

Da ist was dran. Welche Belohnungsstrategie fänden Sie besser?

EL 2:

Ich habe Erfahrungen mit **Punkteplänen** gesammelt. Jedes Mal wenn mein Sohn das neu zu lernende Verhalten zeigt, bekommt er von mir einen Stempel auf seine Punktekarte. Wenn zehn Felder voll sind, dann machen wir was schönes miteinander.

EL 1:

Aber das ist doch auch so eine primitive Belohnung wie bei der Tierdressur.

GL:

Ja, ist das wirklich so? Wir können den Einwand miteinander besprechen

EL 2:

Ich finde da schon einen Unterschied. Ich belohne bei der Punktekarte ja nicht mit Konsum sondern ich belohne mit einem Symbol. Diese Symbole können die Kinder sammeln. Sammeln machen ja alle Menschen gerne. Wenn dann das übergeordnete Ziel erreicht wurde, z.B. zehn Stempelpunkte wurden erreicht, dann belohne ich meinen Sohn mit einer gemeinsamen Aktivität. Ich achte schon darauf, dass ich ihn nicht mit Konsumgütern als Belohnung überhäufe. Ich belohne mit einer gemeinsamen Aktivität (z.B. eine extra Geschichte vorlesen, gemeinsam einmal mehr Schwimmen gehen o.Ä.), die zusätzlich zu den sonstigen gemeinsamen Aktivitäten stattfindet. Das finde legitim.

GL:

Ja, ich denke das ist in Ordnung. Die Belohnungsstrategie eines **Punkteplans setzen Sie ja nur zusätzlich zu Ihrer Vorbildfunktion, zu Ihrer Anleitung, zu Lob und Zuwendung ein**. Und vielen Kindern gelingt es dadurch noch leichter, ein Verhalten zu erlernen.

EL 1:

Aber macht mein Kind dann das Erwünschte nicht nur deshalb, damit es eine Belohnung kommt?

GL:

Was denken die Anderen?

EL 2:

Ich denke, dass mein Kind mit der Zeit durch das Gefühl etwas Neues zu können und mein Lob genug belohnt wird, so dass ich allmählich auf den Punkteplan verzichten kann. So mache ich das auch. Wenn das Erlernte gut klappt, so bespreche ich mit ihm, dass wir die Punktekarte zunächst vielleicht nur noch jeden 2. oder 3. Tag anwenden und schließlich gar nicht mehr. Man darf nur nicht vergessen, weiter erwünschtes Verhalten zu loben.

GL:

Genau. Punktepläne schafft man Schritt für Schritt wieder ab, wenn das Kind das Verhalten sicher gelernt hat. Oft kommt man aber auch ohne Punktepläne aus. Meistens reicht das gute Vorbild, die besprochene Anleitung und die **„zwischenmenschliche Belohnung"** durch Lob und Zuwendung um einem Kind ein neues, erwünschtes, sinnvolles Verhalten beizubringen.

Sie haben heute wieder sehr gut mitgemacht. Ich möchte Sie abschließend noch auf das **Arbeitsblatt 3** und die **Aufgaben zu Arbeitsblatt 3** hinweisen. Bevor Sie die Aufgaben zu Hause durchführen, können Sie die **Verhaltensfragebögen 1 bis 3** bearbeiten. Dadurch können Sie sich Klarheit darüber verschaffen, welche positiven, wünschenswerten und förderungswürdigen Seiten bei Ihren Kindern vorhanden sind, aber auch, welches Verhalten Ihres Kindes für Sie problematisch ist. Das ist wiederum eine wichtige Voraussetzung für unsere nächste Sitzung, in der wir uns mit problematischem Verhalten der Kinder beschäftigen. Wenn Sie jetzt schon beginnen, problematische Verhaltensweisen mit den Verhaltensfragebögen 2 und 3 zu protokollieren, so können Sie vielleicht auch schon beobachten, ob sich problematisches Verhalten Ihrer Kinder durch die besprochenen Strategien oder durch die noch zu besprechenden Maßnahmen vermindern lässt. Vielleicht finden Sie zu Hause wieder etwas Zeit, sich damit zu beschäftigen. Ich freue mich auf das nächste Mal, bis dahin Tschüss.

Zusammenfassung der dritten Gruppensitzung

Stärkung der positiven Seiten des Kindes

- **Begrüßung**

- Besprechung der **Hausaufgaben** *(20 Min.)*

  - Erziehungshaltungen der eigenen Eltern
  - Erziehungsziele / für die Familie wichtige Werte
  - Familienregeln
  - Familienrat

- Erarbeiten der **Themen der 3. Sitzung** in der Gruppe: **Beachtung und Stärkung der positiven Seiten des Kindes**(Sammeln positiver Eigenschaften der Kinder mit den Eltern, Fokus auf das Positive legen) und Kinder beim **Erlernen neuer Fähigkeiten** unterstützen *(insgesamt 60 Min.)*:

  - elterliches Vorbild (Lernen am Modell) *(5 Min.)*
  - Lob positiven Verhaltens (evtl. praktische Übungen in der Gruppe) *(15 Min.)*

    a) Ich-Botschaft
    b) Konkrete Situation
    c) Authentizität
    d) Probleme: unechtes Lob, „Lobinflation", Lob in der „Peer-Group"

  - Zuwendung in positiven Situationen *(5 Min.)*:

    a) positive Gestik und Mimik
    b) positiver Körperkontakt

  - Begleitendes Lernen (s. Arbeitsblatt 3, analog zu den auf S. 21/22 beschriebenen Begriffen Shaping und Chaining können auch Eltern ihre Kinder anleiten) *(20 Min.)*:

    a) Shaping
    b) Chaining

  - Punktepläne *(20 Min.)*:

    a) klares Ziel
    b) klare Bedingungen für Punktevergabe
    c) klare Absprachen für Belohnungen
    d) Ausschleichen

- **Rollenspiel** zum begleitenden Lernen mit lenkendem Fragen *(10 Min.)*: Mutter oder Vater bringt Kind neue Fähigkeit bei (z. B. morgendliches Anziehen oder Zähneputzen etc.)
- Hausaufgaben: **Aufgaben zu Arbeitsblatt 3**, Verhaltensfragebögen 1 bis 3 bearbeiten

Vierte Gruppensitzung: Umgang mit problematischem Verhalten des Kindes

Materialien

- Arbeitsblatt 4a/b/c: Möglichkeiten für den Umgang mit Problemverhalten
- Aufgaben zu den Arbeitsblättern 4a/b/c

Ziele

- Erlernen eines sinnvollen Umgangs mit problematischem Verhalten des Kindes
- Erarbeitung der Strategie der klaren Botschaften, der logischen Konsequenzen und der Auszeit

Hintergründe

Für die Inhalte der vierten Gruppensitzung sind weitere lernpsychologische Grundlagen von Bedeutung (Edelmann 1996). Als weitere Formen des operanten Lernens gibt es :

- negative Verstärkung

Folgt unmittelbar auf ein Verhalten der Wegfall einer unangenehmen Situation, so wirkt dieser Wegfall von etwas Unangenehmen wie eine Belohnung für dieses Verhaltens. Das Verhalten wird also verstärkt. Die negative Verstärkung ist ein häufiger Mechanismus bei der Verfestigung von unerwünschtem Verhalten (z.B. Der Vater hebt ein Verbot auf, weil das Kind auf das Verbot mit Schreien reagiert. Durch den Wegfall des für das Kind unangenehmen Verbotes wird das Schreien zur Durchsetzung der eigenen Bedürfnisse beim Kind verstärkt.). Auch bei der Verfestigung von Ängsten durch Vermeidungsverhalten wirkt die negative Verstärkung. Ein Kind, welches sich vor einem herannahenden Hund ängstigt, wechselt die Straßenseite. Dadurch nimmt das unangenehm ängstigende Gefühl ab. Das Vermeidungsverhalten (Wechseln der Straßenseite o.Ä.) wird verstärkt.

- Bestrafung

Mit Bestrafung wird unter lernpsychologischen Aspekten eine unangenehme Reaktion auf ein Verhalten bezeichnet, die die Auftretenswahrscheinlichkeit für dieses Verhalten reduziert. Bestrafung in der Erziehung ist problematisch. Wenn Strafe ein Verhalten verändern soll, dann erreicht sie das nur, wenn sie äußerst unangenehm ist, wenn sie unmittelbar nach dem unerwünschten Verhalten eintritt, wenn sie möglichst immer nach einem unerwünschten Verhalten eintritt und wenn sie andererseits nicht zu streng ist, da sie sonst Flucht, Wut oder Gegenaggression auslöst (Gordon 1999). Dadurch wird deutlich, dass Strafe als „Erziehungsmittel" etwas äußerst Kompliziertes ist, bei dem man viele Fehler machen kann. Die Fehler sind praktisch vorprogrammiert, wenn Strafe aus elterlicher Wut und elterlichen Hassgefühlen heraus verhängt wird. Überzogene Bestrafungen, wie z.B. Schläge aus Wut oder Hilflosigkeit führen dazu, dass das Kind aus Angst und nicht aus Einsicht das bestrafte Verhalten aufgibt, um den Preis eines gequälten Lebensgefühls. Eine andere mögliche Folge von Schlägen kann sein, dass beim Geschlagenen Hass und Wut gegen den Schlagenden aufkeimt, die er seinerseits wiederum an anderen, vermeintlich schwächeren Menschen auslässt. Körperliche Gewalt als Strafe ist somit immer schlecht, da viel Schaden, aber kein Nutzen dadurch erreicht wird.

Gerade bei externalisierenden Verhaltensauffälligkeiten, wie gewalttätigen oder delinquenten Verhaltensweisen, ist jedoch oft nur durch das unangenehme Erlebnis einer Bestrafung Einhalt zu gebieten. Freundliches Verständnis und Lob als alleiniges Erziehungsmittel sind zur Beeinflussung aggressiven Problemverhaltens unzureichend (Olweus 1996). Daher ist es wichtig, unangenehme Reaktionen (mit bestrafendem Charakter) für unangemessenes Verhalten zur Verfügung zu haben, die jedoch nicht unfair, demütigend, quälend oder gemein sein dürfen, damit die Persönlichkeit des Kindes keinen Schaden nimmt. Derartige unangenehme Reaktionen müssen in einem inhaltlichen und unmittelbaren zeitlichen Zusammenhang mit dem vorangegangenen Regelübertritt stehen, fair und für das Kind nachvollziehbar sein und wenn möglich jedes Mal nach erfolgter Regelverletzung eintreten. Möglichkeiten auf unangemessene Regelübertritte zu reagieren sind die **logischen Konsequenzen** (Dreikurs 1966, Döpfner 1997, Kast-Zahn 1997, Sanders 2000) und die **Auszeit** (Döpfner 1997, Kast-Zahn 1997, Sanders 2000) als Sonderform einer logischen Konsequenz. Die relevanten Gesichtspunkte, die bei logischen Konsequenzen und der Auszeit zu beachten sind, sind auf Arbeitsblatt 4a und 4b erläutert.

Gerade die Auszeit sollte mit den Eltern gewissenhaft erarbeitet werden, da dieser oft Vorurteile entgegen gebracht werden. Bei der Auszeit handelt es sich lernpsychologisch um eine Form der Bestrafung, bei der die aufrechterhaltenden Bedingungen, die zum Konflikt führten (das Zusammensein von Eltern und Kind in einem bestimmten räumlichen und inhaltlichen konfliktgeladenen Kontext), entzogen werden (Verstärkerentzug). Dadurch haben das Kind und die Eltern die Möglichkeit, wieder zur Ruhe zu finden, ohne sich gegenseitig verbale oder körperliche Gewalt anzutun. Wenn die Auszeit frühzeitig zu Beginn eines eskalierten Konfliktes nach 1-2 klaren Botschaften eingesetzt wird, so besteht die Chance, dass die Eltern noch ruhig und souverän mit der Situation umgehen können. Das ist die herausragende Chance, die Auszeit beinhaltet. Um zur Ruhe zu finden, muss die Auszeit ausreichend lange anhalten (siehe Arbeitsblatt 4b, c), sonst wirkt sie nicht. Daher ist es wichtig, dass die Eltern auch den Verbleib des Kindes im Auszeitraum durchsetzen, da sonst die Chancen der Auszeit (beiderseitige Beruhigung der Emotionen und Verhinderung von destruktiver Auseinandersetzung) nicht wirksam werden können. Zu Beginn des Einführens der Auszeitmethode kann es zu heftigen Aggressionsausbrüchen der Kinder kommen, die die Eltern gelassen hinnehmen sollten. Die Emotionen der Kinder dürfen nicht unterdrückt werden. Die Kinder müssen die Möglichkeit haben, im Auszeitraum ihre Wut herauszulassen, ohne sich ernsthaft gefährden zu können und ohne Ängste zu entwickeln. Daher sollte der Raum keine Gefahrenquellen beinhalten, hell und nicht ängstigend und zur Not abschließbar sein, damit die Auszeit auch durchgesetzt werden kann. Wenn die Kinder vor dem erstmaligen Durchführen einer Auszeit in einem ruhigen Moment über die Regeln aufgeklärt werden, dann ist es auch eine Entscheidung des Kindes, ob die Tür zugeschlossen werden muss. Das Zuhalten der Tür kann alternativ versucht werden. Dieses beinhaltet jedoch die Gefahr, dass es zu einem „Kampf an der Türklinke" kommt, der das Wirksamwerden einer Auszeit verhindert und bei den Eltern auch zu verstärkter Wut führen kann. Die Auszeit wird von den Eltern beendet, idealerweise mit einem freundlichen Kontaktangebot, so wie es im Arbeitsblatt 4b,c beschrieben ist.

Auch in dieser Gruppensitzung ist wie in den anderen Sitzungen darauf zu achten, dass die Eltern konkrete Handlungsoptionen mit nach Hause nehmen sollten, mit denen sie sodann ihre eigenen Erfahrungen machen können. Es ist allerdings immer wieder zu betonen, dass die vorgestellten und erarbeiteten Handlungsmöglichkeiten lediglich ein Angebot für die Eltern darstellen, welches nicht zwingend ausprobiert werden muss.

- Löschen

Der Entzug einer aufrechterhaltenden Bedingung (Verstärker) für ein Verhalten führt zum Abbau dieses Verhaltens. Beim Löschen wird jedoch nicht mit dem Entzug eines Verstärkers gedroht (negative Bestrafung). Da es praktisch gesehen äußerst schwierig ist, ein Verhalten konsequent nicht zu verstärken, intermittierende Verstärkung ein Verhalten jedoch sehr löschungsresistent macht, ist die Löschung unter praktischen Gesichtspunkten nur schwer realisierbar (Edelmann 1996). Löschung durch Nichtbeachten (Ignorieren) kann bei harmlosen, provozierenden Verhaltensformen (Schimpfwortgebrauch etc.) hilfreich sein, vorausgesetzt, dass das Ignorieren konsequent bis zum Beendigen des Verhaltens durchgeführt wird (Sanders 2000). Wird das initiale Ignorieren einer Provokation (diese ist vom Kind erwünscht, das Kind will Beachtung erreichen) abgebrochen und reagiert dann der betreffende Erwachsene vielleicht noch echauffiert, so wird aus dem abgebrochenen Ignorieren des Problemverhaltens durch die plötzlich gezeigte Beachtung eine Verstärkung desselben. Zusätzlich birgt Ignorieren die Gefahr, dass sich das Kind als Person abgelehnt fühlt und nicht nur das problematische Verhalten als abgelehnt empfindet. Daraus können langfristig Selbstwertstörungen entstehen, so dass Ignorieren nicht unproblematisch ist.

Nicht selten steckt hinter aggressivem Verhalten eine versteckte andere Emotion, bei der sich das Kind als viel verletzlicher erleben würde, z.B. Angst, Hilflosigkeit, Frustration (Bründel 1997, Penthin 2001). Gerade wenn ein Kind wütend vor Hilflosigkeit ist (Spallek 1994), wie z.B. bei sogenannten „Trotzreaktionen", die oft bei Beschneidung kindlicher Wünsche im Rahmen des gesunden kindlichen Autonomiebestrebens auftreten, kann ein Halten des Kindes hilfreich sein. Im entschlossenen **„Festgehaltenwerden"** hat ein Kind die Möglichkeit seinen Zorn auszudrücken, ohne die festhaltende Person zu verletzen. Jedoch auch die festhaltende Person kann dem Kind ihre ärgerlichen Gefühle spürbar werden lassen, ohne dieses zu verletzen. Beide werden mit den Gefühlen des anderen intensiv konfrontiert. Das Halten Brust an Brust, Kopf an Kopf hat aber auch beruhigende, Bindungsgefühle vermittelnde Kräfte (Stern1993). Das Kind sollte so lange gehalten werden bis es sich beruhigt hat, bis sich seine negativen Gefühle in liebevolle Gefühle gewandelt haben (Prekop 1988). Dieses kann manchmal zwei bis vier Stunden dauern und erfordert beim Haltenden Entschlossenheit, Durchhaltevermögen und die Überzeugung, das Richtige zu tun. Beim Festhalten wird dem Kind Vermeidungsverhalten vorenthalten. Aggression zur Vermeidung quälenderer Gefühle wie Angst und Hilflosigkeit darf im Halten ausgelebt werden, führt aber nicht dazu, die Frustration und Hilflosigkeit auslösende grenzsetzende Entscheidung der Eltern ungeschehen zu machen und kann daher nicht mehr vermeidend wirken. Gleichzeitig bietet der Haltende dem Kind aber Beziehung an, ein grundlegendes Signal „Ich mag dich". Wenn ein Kind während des Haltens dann die grundlegenderen Gefühle wie Hilflosigkeit und Frustration spürt, kann es in diesen Gefühlen haltend von Mensch zu Mensch begleitet werden. Ein Kind hat also beim Festhalten die Chance, unangenehme Gefühle wie Hilflosigkeit und Frustration zu fühlen und zu durchleben und wird durch anschließend aufkeimende angenehme Bindungsgefühle belohnt. Festhalten ist nicht unumstritten, kann aber oft hilfreich sein, da ein Kind über die oben geschilderten Lernprozesse Bindungsfähigkeit auch in ursprünglich konfrontativen Interaktionen lernt.

Wenn sich Eltern in einer emotional aufwühlenden Konfliktsituation das konsequente Halten nicht zutrauen (und das kommt oft vor), so ist die Anwendung der **Auszeit** die andere, fast immer sehr gut anwendbare Möglichkeit, die „überschäumende Phase" des Konfliktes zu durchstehen. Daher wird im Rahmen dieser Elternschulung das Festhalten nicht explizit angesprochen. Es ist jedoch hilfreich, wenn sich Gruppenleiter und Gruppenleiterinnen über diese Technik informieren (Prekop 1989), um bei individuellen Fragestellungen auch zu diesem

Thema Hilfe anbieten zu können. Bei der Auszeit ist es sehr wichtig, anschließend wieder in einer positiven Atmosphäre zusammenzukommen, damit man nicht im Auseinandergehen stecken bleibt (Penthin 2001). Die Auszeitvariante des sogenannten Auszeitstuhls (Corwin 2000, Sanders 2000) wird nicht besprochen, da dieses Vorgehen oft ritualisiert-unecht erscheint.

Beispiel für einen möglichen Ablauf der vierten Gruppensitzung

GL:

Begrüßung und Besprechung der **Aufgaben**. Dabei werden die Punkte: positive Seiten des Kindes, begleitendes Lernen, elterliche Vorbildfunktionen und Tokensysteme (z.B. Punktekarten) kurz wiederholt und die in der Gruppe damit zu Hause gemachten Erfahrungen besprochen.

Nachdem wir nun die wesentlichen Punkte der letzten Sitzung wiederholt haben, möchte ich auf das **Thema der heutigen Sitzung** überleiten. Wie schon letztes Mal angekündigt, ist der heutige Schwerpunkt der **Umgang mit unerwünschtem Verhalten des Kindes**. Vielleicht haben Sie in der Zwischenzeit begonnen die Verhaltensfragebögen zu führen. Was ist Ihnen dabei am Verhalten Ihres Kindes aufgefallen und bewusst geworden? Welche „problematischen Verhaltensweisen" Ihres Kindes oder Ihrer Kinder konnten Sie beobachten?

EL:

Berichten über problematisches Verhalten der eigenen Kinder anhand der geführten Verhaltensfragebögen 2 und 3.

GL:

Prima, das finde ich sehr gut, dass Sie sich mit den Verhaltensweisen Ihrer Kinder so intensiv beschäftigt haben. Ich würde vorschlagen, dass wir einige der berichteten problematischen Verhaltensweisen aufgreifen und gemeinsam überlegen, wie wir damit umgehen können. Mein Vorschlag wäre, vor allem Themen wie **körperliche Gewalt, verbale Gewalt** und **Zerstörung** bzw. Vandalismus aufzugreifen.

Frau X. berichtete, dass sie von ihrer 5-jährigen Tochter immer wieder geschlagen werde, wenn die Tochter wütend ist. Ich würde gerne wissen, was diesem Wutausbruch vorausgeht und wie Sie, Frau X. darauf reagieren.

EL Frau X.:

Immer wenn ich meiner Tochter etwas verbiete, dann rastet sie aus.

GL:

Bei jedem Verbot, oder nur in bestimmten Situationen?

EL Frau X.:

Eigentlich immer. Egal was ist.

GL:

Exploration der basalen Bedingungen (Erziehungshaltungen, Stimmung in der Familie, wesentliche Beziehungsmuster etc.)

Verbieten Sie jeden Tag?

EL Frau X.:

Ja, sie will so oft unmögliche Dinge machen, ich muss praktisch ständig verbieten und streng sein.

GL:

Verbote und Strenge sind natürlich einengend für ein Kind. **Einengung macht aggressiv**, das ist ganz normal. Sie sollten überlegen, ob Sie wirklich so viel verbieten müssen, ob die Regeln in Ihrer Familie vielleicht etwas zu streng sind. Wenn es Ihnen gelingt, weniger Verbote auszusprechen, könnte sich die auffallende Aggressivität Ihrer Tochter vielleicht zurückbilden.

EL Frau X.:

Sie meinen, das wäre möglich? Und wenn nicht, wie kann ich bloß damit umgehen. Ich will mich nicht mehr schlagen lassen.

GL:

Da haben Sie völlig Recht. Sie dürfen sich auch nicht schlagen lassen. **Keiner hat das Recht, einen anderen zu schlagen und jeder hat das Recht, nicht geschlagen zu werden.** Ich möchte die Frage, wie man auf diese aggressiven Ausbrüche des Kindes reagieren kann, an die Gruppe weitergeben.

EL 1:

Ich würde dem Kind klar sagen, dass es mich nicht schlagen darf. Denn das was man möchte, muss man auch aussprechen.

GL:

Genau, dazu könnte man sagen, Sie sprechen mit Ihrem Kind Klartext. Versuchen Sie doch einmal zu formulieren, was Sie Ihrem Kind sagen würden.

EL 2:

Ich würde sagen: „Ich möchte nicht geschlagen werden. Ich lasse mich von dir nicht schlagen.

GL:

Das ist gut. Sie haben eine „**Ich-Botschaft**" gewählt. Ihre Mitteilung fängt mit „Ich" an. Sie sagen Ihrem Kind was Sie möchten und fühlen. Können Sie das auch ohne das Wort „nicht" zu benutzen. Dadurch könnten Sie Ihrem Kind sagen was es tun soll und nicht was es nicht tun soll.

EL 2:

Du kennst unsere Regel: „Wir gehen friedfertig miteinander um". Ich möchte, dass du deine Arme ruhig hältst.

GL:

Sehr gut, Sie haben die **verletzte Regel** angesprochen und haben Ihrem Kind mit einer „Ich-Botschaft" gesagt, was es tun soll. Das ist eine klare Botschaft. Wenn Ihnen auf die Schnelle keine Botschaft ohne „nicht" einfällt, so sagen Sie einfach, was Ihr Kind nicht tun soll. Die Hauptsache ist, dass Ihr Kind eine **klare Botschaft** erhält. Dabei gibt es aber noch einige wichtige Punkte, die man beachten sollte.

EL 1:

Ich muss sicher sein, dass mein Kind meine Botschaft in seiner Erregung auch wirklich versteht.

GL:

Genau. Wie versuchen Sie das sicherzustellen?

EL 1:

Ich hocke mich vor mein Kind in Augenhöhe, suche Blickkontakt, halte es an den Schultern fest und spreche meine klare Botschaft.

GL:

Das finde ich gut. Sie nehmen also **Kontakt auf der Blickebene, auf der Berührungsebene und auf der Wortebene auf**, also auf mehreren Sinneskanälen gleichzeitig. Dadurch erhöht sich die Wahrscheinlichkeit, dass Sie von Ihrem Kind wirklich wahrgenommen werden. Wie geht es dann weiter?

EL 3:

Dann muss ich dafür sorgen, dass meine Forderung auch umgesetzt wird.

GL:

Genau, das heißt Sie müssen **konsequent sein**, sonst kann Ihr Kind Sie nicht ernstnehmen.

EL 4:

Ich würde mein Kind in sein Zimmer bringen, bis es sich beruhigt hat.

GL:

Das ist eine gute Idee. Dieses Vorgehen nennt man **Auszeit**. Auf eine klare Botschaft muss immer eine Konsequenz folgen, wenn die Botschaft allein nicht ausreicht, dass das Kind mit dem Problemverhalten aufhört. Eine Konsequenz sollte immer logisch, d.h. für das Kind nachvollziehbar sein und damit in einem inhaltlichen Zusammenhang mit dem vorangegangenen Problemverhalten stehen. Die Auszeit ist eine Form der **logischen Konsequenz**, die bei aggressiven Verhaltensausbrüchen, die sich gegen eine andere Person richten, durchaus logisch ist. Dadurch wird das Kind daran gehindert, das unerwünschte Verhalten (in diesem Fall, jemanden anzugreifen) auszuleben. Die wütenden Gefühle werden dem Kind dadurch nicht genommen. Das ist wichtig, denn **jeder Mensch hat ein Recht auf seine Gefühle.** Das Kind darf in der Auszeit seine Wut austoben.

Durch **geleitetes Fragen** können mit den Eltern die weiteren relevanten Punkte zur Auszeit, die im Arbeitsblatt 4b aufgeführt sind, erarbeitet werden. Auch die oben im Beispiel eher monologisch aufgeführten Informationen können natürlich genauso mit der Gruppe erarbeitet werden. Das Vorgehen kann je nach GL und Zusammensetzung der EL-Gruppe unterschiedlich sein.

Das weitere Beispiel von Herrn Y. bezog sich auf immer wiederkehrendes unachtsam-verschmutzendes Verhalten seines 6-jährigen Sohnes. Ihr Sohn kommt immer wieder von draußen mit matschigen Schuhen herein, zieht sich die Schuhe trotz ständiger Ermahnungen nicht rechtzeitig aus und verschmutzt damit jeden Tag mehrmals einen Teil der Wohnung. Das ist vielleicht schon eine Minimalform des **Vandalismus.** Da stellt sich erneut die Frage, wie Sie, Herr Y. auf dieses Verhalten reagieren?

EL Herr Y.:

Ich ermahne ihn, die Schuhe auszuziehen. Das macht er meistens daraufhin auch nicht, er bringt mich oft zu Weißglut, nach zehnmaligem Ermahnen werde ich dann wütend und brülle, aber er macht sich nichts daraus.

GL:

Das heißt also, dass Sie ihren Sohn viele Male auffordern, die Schuhe auszuziehen, ohne dass er reagiert. Und selbst wenn Sie wütend und laut werden hilft das nichts.

EL Herr Y.:

Genau, wenn ich laut werde, grinst der auch noch und verschwindet, aber die Schuhe hat er immer noch nicht ausgezogen.

GL:

Sie fühlen sich richtig hilflos?

EL Herr Y.:

Ja, selbst wenn ich ihm eine Ohrfeige gebe, hilft das nichts. Dann wird er auch noch frech und läuft weg.

GL:

Ja, davon abgesehen haben wir eben auch schon angesprochen, dass jedermann ein Recht darauf hat, nicht geschlagen zu werden. Auch der Gesetzgeber hat endlich ein **elterliches Züchtigungsverbot** ausgesprochen. Es stellt sich die Frage, warum Sie das Verhalten Ihres Sohnes nicht beeinflussen können?

EL 1:

Wenn Sie immer nur reden und Ihr Sohn spürt, dass sonst nichts passiert, dann braucht er ja gar nicht zu reagieren.

GL:

Ja, das könnte so sein. Das ständige Auffordern ohne dass etwas „passiert" hat aber noch eine andere Folge.

EL 2:

Weil eben nichts „passiert" wird man immer wütender, bis man schließlich ausrastet.

GL:

Und wenn Sie wütend schreien und sonst passiert nichts, wie mag sich dann Ihr Sohn fühlen?

EL Herr Y.:

Ganz schön stark. Er hat den „Alten" im Griff.

GL:

Ich denke auch. Er wird sich ganz schön mächtig fühlen, dass er seinen Vater so hilflos auf die Palme bringen kann. Und **Machtgefühle** mögen Menschen gerne. Wenn Sie Ihrem Sohn also auf diese Weise immer wieder schöne Machtgefühle vermitteln, warum sollte er dann sein Verhalten ändern?

El Herr Y.:

Also sollte ich lieber **ruhig bleiben**. Aber das gelingt mir nicht, ich bin dann so wütend.

GL:

Das kann ich gut verstehen. Also müssen wir nach einer Möglichkeit suchen gar nicht erst wütend zu werden.

EL 3:

Ich glaube man wird erst richtig wütend, wenn man immer wieder was sagt und nichts geschieht.

GL:

Genau. Das bedeutet, dass wir nur **einmal die klare Botschaft aussprechen** sollten und dann eine **eindeutige logische Konsequenz eintreten lassen** sollten. Ich sage bewusst „eintreten lassen", weil wir mit logischen Konsequenzen gar nicht erst drohen sollten. Denn Drohungen fördern unseren Aufregungsgrad und je aufgeregter und lauter wir sind, desto interessanter ist das für die opponierenden Kinder.

EL 2:

Als logische Konsequenz könnte doch die **Wiedergutmachung** stehen. Der Junge muss den Dreck sofort wegmachen, dann spürt er, wie viel Arbeit das ist, den Dreck wegzumachen.

GL:

Ja, das wäre eine gute logische Konsequenz, die Wiedergutmachung. Sie geben Ihrem Sohn den Wischlappen in die Hand und fordern ihn auf, den Dreck zu beseitigen.

EL Herr Y.:

Das klingt ja gut und schön. Aber was ist, wenn er mir sagt, ich könnte den Dreck ja selber wegmachen und wenn er dann einfach zur Haustür hinaus verschwindet.

GL:

Was könnten Sie dann machen? Haben Sie ruhig Mut, Ihre Ideen auszusprechen.

EL Herr Y.:

Am liebsten würde ich ihn dann festhalten und neben ihm stehen bleiben bis er den Dreck weggemacht hat. Und wenn er sich sträubt würde ich ihm am liebsten die Hand mit dem Wischlappen führen, bis alles sauber ist. Damit er endlich mal merkt, wie viel Arbeit das ist. Aber das kann ich doch nicht machen.

GL:

Ihre Idee klingt sehr logisch. Was hindert Sie daran das so zu machen?

EL Herr Y.:

Das wäre ja Zwang!

GL:

Aber Sie lassen sich ständig von Ihren Sohn zwingen, den Dreck zu beseitigen?

EL Herr Y.:

Ja, wenn man das so sieht, das stimmt.

GL:

Haben Sie ruhig den Mut, Ihre logische Konsequenz durchzuführen, nur so lernt Ihr Sohn, dass sein Verhalten inakzeptabel ist.

Nachdem die Grundlagen der klaren Botschaften, der logischen Konsequenzen und der Auszeit erarbeitet wurden, können je nach verbleibender Zeit noch weitere Beispiele der Eltern besprochen und jeweils eine mögliche Lösung im Rahmen eines Rollenspiels in Szene gesetzt werden. Anschließend erfolgt der Hinweis auf die Arbeitsblätter 4a, 4b und 4c und die zugehörigen Aufgaben.

Auch heute haben Sie wieder sehr gut mitgearbeitet. Ich darf Sie bitten sich zu Hause die **Arbeitsblätter 4a, 4b und 4c** anzusehen und die zugehörigen **Aufgaben zu den Arbeitsblättern** zu bearbeiten. Tschüss bis zum nächsten Mal.

Zusammenfassung der vierten Gruppensitzung

Umgang mit Problemverhalten

- **Begrüßung**

- Besprechung der **Hausaufgaben** *(20 Min.)*
  - Fokus: das Positive beim Kind, das gefördert und verstärkt werden soll
  - begleitendes Lernen
  - elterliche Vorbilfunktionen
  - Tokensysteme (Punktepläne)

- Einführung in das Thema **„Problemverhalten bei Kindern":**
  Was ist Problemverhalten (z. B. körperliche, verbale Gewalt, Zerstörung und Vandalismus etc.)? *(5 Min.)*
  - Übertritt von Regeln
  - Häufigkeit des Verhaltens
  - Unklare Werte

- **Reale Begebenheiten und Konfliktsituationen** (je nach Zeitaufwand 1-2 Situationen) aus den Familien werden *(insgesamt 35 Min.)*:
  - besprochen
  - ungünstige, das Verhalten auslösende und aufrechterhaltende Familienbedingungen analysiert
  - Lösungsmöglichkeiten erarbeitet (s.u.)

- **elterliche Reaktionsmöglichkeiten** auf problematisches Verhalten der Kinder werden erarbeitet:
  - „Klare Botschaft",
    a) Hinweis auf die verletzte Regel
    b) Klare Anweisung, was das Kind jetzt machen soll (Ich-Botschaft, Kontakt auf Blick-, Berührungs- und Wortebene)
    c) Lob, wenn Kind die Anweisung befolgt
  - „logische Konsequenz"
    a) wenn das Kind nicht innerhalb von 5 Sekunden reagiert
    b) Konsequenz mit möglichst ruhiger Stimme *frühzeitig* eintreten lassen
    c) Inhaltlicher Zusammenhang zwischen Konsequenz und Problemverhalten
    d) Zeitlich faire Begrenzung einer Konsequenz (5-30 Minuten)
  - „Auszeit"
    a) bei aggressivem Problemverhalten oder wenn keine logische Konsequenz verfügbar
    b) Regeln der Auszeit beachten (siehe Arbeitsblatt 4b und 4c)

- **Rollenspiel** *(insgesamt 30 Min.)* einer Problemsituation mit Lösungsalternativen (siehe auch Regeln zu Rollenspielen)

- Hausaufgaben: Fortführung der Verhaltensfragebögen, Aufgaben zu den **Arbeitsblättern 4a, 4b und 4c**

Fünfte Gruppensitzung: Problematische Routinesituationen im Alltag

Materialien

- Arbeitsblatt 5: Problematische Routinesituationen im Alltag (Beispiele)
- Aufgaben zu Arbeitsblatt 5

Ziele

- Entwicklung von Strategien zur Bewältigung problematischer Routinesituationen des Alltags

Hintergründe

In vielen Familien treten gerade in alltäglichen Routinesituationen Konflikte auf. Vielfach spüren Kinder die besondere Vulnerabilität ihrer Eltern in angespannten Situationen, in denen Eltern von ihren Kindern möglichst reibungsloses Funktionieren erwarten. Gerade in solchen Situationen sind Kinder nicht selten unkooperativ oder zeigen oppositionelles Verhalten. Verschiedene Gründe können solchen Konfliktmustern zugrunde liegen:

- Eltern könnten ihr Kind mit ihren Erwartungen überfordern, sie respektieren dann nicht den natürlichen Entwicklungsstand des Kindes (Penthin 2001). Das liegt nicht selten an fehlender elterlicher Information über altersadäquate Fähigkeiten des Kindes (siehe Gruppensitzung 2). Die Bedürfnisse von Eltern und Kindern sind oft nicht kongruent. Das führt nicht selten zu oppositionellen Reaktionen des Kindes, die jedoch auch als wichtige Entwicklungsschritte in Richtung Autonomisierung des Kindes anzusehen sind. Gerade in zielorientierten Situationen mit Zeitdruck ist „elastisches Reagieren" bei Menschen erschwert.

- Kinder ringen um Aufmerksamkeit und Beachtung. Wenn in einer Familie Kindern nicht die Beachtung entgegengebracht wird, die sie benötigen (diese „Menge" ist individuell und je nach Lebenssituation unterschiedlich und nicht „messbar") – unabhängig von den zugrunde liegenden Ursachen – können Kinder gerade in Situationen in denen reibungsloses Funktionieren erwartet wird bei Verweigerung mit Beachtung rechnen. Dabei ist für viele Kinder selbst eine negative Beachtung wie Schimpfen und Meckern attraktiver als gar keine Beachtung (Kast-Zahn 1997). Daher ist zu überprüfen, ob Eltern ihren Kindern die Zuwendung geben können, die diese wirklich benötigen. Gegebenenfalls müssen die zugrunde liegenden Ursachen analysiert werden, damit Veränderungen erarbeitet werden können.

- Kinder können Eltern unbewusst in einen Machtkampf verwickeln (Dreikurs 1966, Dinkmeyer 2001). Machtgefühle sind für jeden Menschen angenehme Gefühle. Wenn Kinder in der Interaktion mit ihren Eltern wenig angenehme Gefühle erleben, so können Kinder sich über die Strategie des Machtkampfes nicht selten wenigstens diese angenehmen Machtgefühle vermitteln. Wenn Kinder es schaffen, ihre Eltern mit wenig Aufwand (das ist in diesen Routinesituationen einfach möglich) zu lauten, echauffierten, die Fassung verlierenden Reaktionen zu provozieren, so ist dies durchaus ein kindlicher Machtgewinn, der als Belohnung und damit als Verstärker für das vorangegangene oppositionelle Verhalten wirkt.

Daher ist es sinnvoll diese konfliktträchtigen Routinesituationen vor dem Hintergrund der bisher erarbeiteten Kenntnisse über Beziehungsgestaltung in Familien separat zu betrachten. Im Folgenden sollen häufige konfliktträchtige Routinesituationen exemplarisch vorgestellt werden. Die der jeweiligen Problematik zugrunde liegenden Ursachen und die der Familie möglichen alternativen Strategien werden kurz beschrieben. Je nach Erfahrungen und Bedürfnissen der jeweiligen Elterngruppe können noch weitere Problemsituationen, die hier vielleicht nicht besprochen wurden, von Bedeutung sein, für die dann in der Gruppe auf dem Boden der bisher erarbeiteten Problemlösestrategien individuelle Lösungen diskutiert werden können.

Mögliche Problemsituationen

- **morgendliches Aufstehen:**
  Kinder wollen morgens nicht aufstehen, Eltern sind in Zeitdruck.

Mögliche Ursachen:
Biorhythmus des Kindes entspricht nicht den realen Erfordernissen des Familienalltags (Inkongruenz der Bedürfnisse) – Eltern empfinden das Aufstehen selbst als Last (Modellfunktion) – Kinder empfinden im Familienalltag zu wenig Zuwendung und Aufmerksamkeit (Möglichkeit negativer Aufmerksamkeit und eines Machtkampfes)

Handlungsmöglichkeiten:
Änderungen des Schlafverhaltens der Eltern und der Kinder (früher zu Bett gehen) – Überdenken des elterlichen Zuwendungsverhaltens in ruhigen Alltagssituationen (mehr freundliche Aufmerksamkeit in Form von verbaler oder körperlicher Zuwendung) – logische Konsequenzen spüren lassen (Kind kommt zu spät in Schule und muss die Folgen selbst verantworten, Kind wird nur unfertig angezogen von Nachbarskindern zum gemeinsamen Schul- oder Kindergartenweg abgeholt etc.) – Einführen von Punktekarten zum Aufbau eines familienadäquaten Verhaltens (z.B. jeweils einen Punkt für rechtzeitiges Anziehen, rechtzeitiges Frühstücken, rechtzeitiges Verlassen des Hauses etc.)

- **Streit und Geschrei beim gemeinsamen Autofahren:**
  Kinder streiten lautstark oder auch körperlich auf der Rückbank des Autos, Kinder ärgern das fahrende Elternteil etc.

Mögliche Ursachen:
Geschwisterrivalität mit dem Gefühl der Kinder, gegenüber dem anderen Geschwister durch die Eltern benachteiligt zu sein – Langeweile – Wunsch nach Machterleben des Kindes – Wunsch nach elterlicher Beachtung – Aggression durch Enge und Bewegungseinschränkung – Kinder sind gezwungen eigene Bedürfnisse und Interessen aufzuschieben mit der Folge aggressiven Agierens (Frustrations- Aggressions- Theorie).

Handlungsmöglichkeiten:
Anhalten und Abwarten bis Ruhe eingekehrt ist (logische Konsequenz, da sicheres Fahren durch Aktivität der Kinder beeinträchtigt ist) – paradoxe Intervention (Reaktion mit unerwarteten Handlungen): Eltern singen laut oder jammern laut im kindlichen Stil o.Ä. (dadurch sind Kinder verblüfft, die Gefahr eines lautstark – ärgerlichen Intervenierens mit dem Risiko des Machtkampfes ist vermieden) – Ablenkung: Wortspiele, Anregungen geben, Gespräche anfangen, Musik oder Märchenkassetten anbieten o.Ä. (Aggression durch Frustration und Einengung kann dadurch abgebaut werden).

- **Gemeinsames Einkaufen:**
Einkaufsituationen sind oft Versuchungssituationen, da Kinder zahlreichen Verlockungen ausgesetzt sind. Quengelnde, jammernde Kinder mit ihren genervten Eltern und verständnislosen Passanten sind eine häufige Problemsituation.

Mögliche Ursachen:
Zeitdruck der Eltern führt zu mangelnder Aufmerksamkeit für das Kind, welches sich durch Quengeln, Jammern oder Schreien (z.T. altersabhängig) Aufmerksamkeit verschafft – durch das Warenangebot induzierte Wünsche werden verständlicherweise durch die Eltern abgelehnt (kindliche Frustration) – Langeweile – Machtkampf (s.o.).

Handlungsmöglichkeiten:
Eltern verlassen mit jammerndem Kind den Laden (logische Konsequenz: ein ruhiger, überlegter Einkauf ist nicht mehr möglich, das Kind muss die auslösende Problemsituation verlassen) – Eltern bleiben gelassen, erklären dem Kind einmal mit einer klaren Botschaft, was sie erwarten und setzen ihren Einkauf in ruhiger Gelassenheit mit schreiendem oder jammerndem Kind fort (Ignorieren des Problemverhaltens, Ignorieren unpassender Passantenbemerkungen) – Vorbeugen (je nach Alter): Kind hat im Einkaufswagen etwas zu Essen oder zu Spielen

- **Mahlzeiten:**
Ein Kind das zu den Mahlzeiten nicht essen will, ständig über das Essen nörgelt, (je nach Alter) mit dem Essen spielt und dadurch die Eltern ärgert, dieses sind häufige Situationen. Aber auch Eltern, die sich (oft unnötigerweise) Gedanken darüber machen, dass das Kind zu wenig oder immer nur das falsche esse, können die Esssituation problematisieren.

Mögliche Ursachen:
Eltern übersehen wirkliche kindliche Bedürfnisse (Kind kommt mit weniger Nahrung aus, als Eltern denken, vielleicht zu nah beieinander liegende Mahlzeiten für den Hunger des Kindes, Kind hat vielleicht gar keine Gelegenheit wirklichen Hunger zu entwickeln) – nicht altersangepasste Vorstellungen über „Tischmanieren" seitens der Eltern mit kindlicher Überforderung – Machtkampf – Kampf um Aufmerksamkeit.

Handlungsmöglichkeiten:
Kind darf entscheiden ob und wie viel es essen will (Kast-Zahn 1999), Eltern legen Zeiten fest und entscheiden idealerweise mit dem Kind über die Art der Nahrung – bei inakzeptablem Verhalten während der Mahlzeit (Essen wird von 4-jährigem Kind in der Küche verschmiert o.Ä.) erfolgt als logischen Konsequenz der Ausschluss von der gemeinsamen Mahlzeit – wenn Kind nicht essen will, so muss es nicht essen, bekommt aber die nächste Mahlzeit erst zur nächsten festgelegten Zeit.

- **Zubettgehen:**
Die Kinder stehen immer wieder auf, die Eltern fühlen sich dadurch gestört. Die Kinder weigern sich mit zornigem Trotz ins Bett zu gehen.

Mögliche Ursachen:
Mangelnde Aufmerksamkeit: Kinder erfahren durch elterliche Reaktionen Beachtung – Kinder haben Ängste allein, vielleicht noch in dunkler Umgebung zu sein – Machtkampf

Handlungsmöglichkeiten:
Ritual des Zubettgehens: Kinder erhalten ruhige Aufmerksamkeit vor dem Schlafengehen (Geschichte vorlesen oder erzählen, über den Tag sprechen o.Ä.), Kinder erhalten durch immer wiederkehrendes Ritual mehr Sicherheitsgefühle – Kompromisse: Tür offen lassen,

kleine Beleuchtung anlassen – Festlegen der Uhrzeit zu der Kinder im Schlafzimmer sein müssen, ob die Kinder im Zimmer jedoch schlafen oder erst noch etwas spielen oder lesen bleibt ihnen selbst überlassen (jeder Mensch hat einen eigenen Biorhythmus, nicht jedes Kind hat das wirkliche Bedürfnis z.B. um 19 Uhr zu schlafen) – bei kleinen Kindern evtl. Schlaftraining (Kast-Zahn 1995)

Beispiel für einen möglichen Ablauf der fünften Gruppensitzung

GL:

Begrüßung, Besprechung der **Aufgaben**. Die Grundlagen **logischer Konsequenzen** und der **Auszeit** werden wiederholt.

Nun möchte ich zum **Thema der heutigen Sitzung** kommen: **Probleme in Routinesituationen des Alltags.** Jeder von uns hat einen mehr oder weniger festgelegten Tagesablauf, der z.T. auch durch äußere Zwänge mit beeinflusst wird. Im Tagesablauf mit Kindern kommt es täglich zu immer wiederkehrenden Situationen: Aufstehen, Fertigmachen für Schule und Kindergarten, Mahlzeiten, Zubettgehen usw. Wir alle sind natürlich froh, wenn diese Routinesituationen reibungslos funktionieren. Aber das ist in der Realität oft nicht so. Nicht selten kommt es gerade in solchen Routinesituationen zu Konflikten mit unseren Kindern. Ich möchte Sie bitten, darüber nachzudenken, welche Situationen bei Ihnen zu Hause oder in Ihrer Familie immer wieder konfliktbeladen oder chaotisch ablaufen und welche Ursachen diesen Problemen zugrunde liegen. Anschließend können wir wieder nacheinander darüber berichten, was uns eingefallen ist.

Zum Einstieg könnte ich wieder eine **Beispielsituation** schildern, die wirklich vielen Familien zu schaffen macht:

*Eine Mutter berichtete mir einmal folgende Geschichte: So mancher Einkauf im Supermarkt mit ihrer kleinen, damals zweijährigen Tochter wurde für sie immer wieder zum Stressereignis. Immer wieder wollte die Kleine die schönsten Dinge aus den Regalen mitnehmen, die die Familie aber nicht gebrauchen konnte. Außerdem wollte sie immer wieder Süßigkeiten haben. Wenn die Mutter, in ihrer Eile, darauf bedacht, die Einkaufsliste zügig abzuarbeiten, diese Wünsche verwehrte, so erntete sie einen lautstarken wütenden Proteststurm ihrer Tochter, die in ihrem Einkaufswagensitz tobte. Die Passanten reagierten unterschiedlich. Manche belächelten das Schauspiel, manche machten der Mutter die Situation noch schwerer durch Äußerungen wie: „Nun geben Sie der Kleinen doch die Gummibärchen" oder ähnliches. **Trotzreaktionen** in diesem Alter, wenn den Kindern ein Wunsch verwehrt wird sind etwas normales. Kinder haben zunehmend das Bedürfnis sich durchzusetzen, die eigenen Ziele zu verfolgen. Frustration dieser Bedürfnisse wird dann häufig mit Aggression beantwortet, als hilfloser Versuch sich durchzusetzen. Der Wunsch sich durchzusetzen ist ein wichtiger **Entwicklungsschritt in Richtung Selbständigkeit**, also etwas völlig normales. Trotzdem, war die Mutter von diesen Situationen sehr belastet.*

Ich möchte Sie bitten, über eigene Problemerfahrungen mit Routinesituationen zu berichten. Anschließend können wir ja gemeinsam darüber nachdenken, wie wir mit den Strategien, die wir in den vergangenen Stunden erarbeitet haben, solche Situationen entschärfen können."

EL:

Berichten nacheinander über problematische Routinesituationen ihres Alltags

GL:

Lobt den jeweiligen Bericht. Anschließend versucht die GL wenn möglich die berichteten Erlebnisse logischen Kategorien zuzuordnen, damit möglichst aus jeder Kategorie eine Lösungsmöglichkeit erarbeitet werden kann, von der dann jeweils mehrere Eltern, die ein Erlebnis dieser Kategorie zu berichten hatten, profitieren können (z.B. **Kategorie**: morgendliches Aufstehen, Kategorie: gemeinsames Einkaufen etc.).

Nun möchte ich mit Ihnen für die verschiedenen Situationen Lösungsmöglichkeiten besprechen. Wir hatten Berichte über gemeinsame Einkaufssituationen, über das abendliche Zubettgehen und über Probleme bei den Mahlzeiten. Vielleicht beginnen wir mit dem **Bereich „Gemeinsames Einkaufen"**. Sie erinnern sich an den Bericht von Frau X und Herrn Y, die über die Quengeleien und Trotzanfälle ihrer Kinder beim Einkaufen berichteten. Ich würde gerne mit Ihnen überlegen, wie solche Situationen zukünftig angenehmer gestaltet und entschärft werden können.

EL 1:

Mit so kleinen Kindern ist das immer schwierig beim Einkaufen. Die wollen einfach immer alles haben, weil es so schön bunt aussieht.

EL 2:

Ja und die Werbung setzt den Kindern immer wieder Bedürfnisse in den Kopf. Immer wieder wollen sie neue Sachen haben.

GL:

Ihre Erfahrung ist also, dass es immer wieder Schwierigkeiten beim Einkaufen geben muss, da die Kinder so vielen Verlockungen ausgesetzt sind. Wie kann man da anfangen, etwas zu ändern?"

EL 3:

Man könnte den Kindern vor dem Einkauf sagen, das sie trotz Quengeln nichts außer der Reihe bekommen. Wir haben mit den Kindern abgesprochen, dass es immer nur eine Kleinigkeit beim Einkauf gibt, z.B. einen Lolli oder einen Kaugummi, am besten zuckerfrei, wegen der Zähne. Je größer die Kinder wurden, desto einfacher wurde es mit dieser Absprache. Schon mit drei Jahren konnte unser Sohn das gut akzeptieren.

EL 2:

Meiner ist dafür noch zu klein, glaube ich, er ist 2 ½ Jahre alt und so eine Absprache würde ihn überfordern denke ich.

GL:

Das könnte sein. Trotzdem könnten Sie auch bei Ihrem noch kleinem Kind vor dem Einkauf Vorkehrungen treffen, die die Situation entschärfen könnten.

EL 1:

Ich mache das immer so, dass ich meiner Kleinen vorher ein Brötchen in die Hand drücke. Dann sitzt sie im Einkaufswagen, kaut an ihrem Brötchen und ist zufrieden.

GL:

Sie **lenken** also Ihre Tochter **ab**. Das ist eine gute Idee. Aber was könnte man tun, wenn es doch zu einer Quengelei kommt, die Sie immens stört?

EL 2:

Vielleicht könnte ich es mal mit einer **klaren Botschaft** probieren. Ich könnte dann sagen: Du bekommst hier keine Süßigkeiten, das Quengeln hilft da nicht.

GL:

Das ist eine gute Idee. Ihr Kind weiß dann, dass Sie **Festigkeit zeigen**.

EL 1:

Man muss dann aber auch fest bleiben.

GL:

Völlig richtig. Sie müssen **konsequent bleiben**, gelassen konsequent, sonst wird alles nur noch schlimmer.

EL 1:

Ja, denn sonst würde das Kind lernen: „Ich muss nur lange genug quengeln, dann bekomme ich doch was ich will."

GL:

Wie können Sie sich also verhalten, wenn Ihr Kind trotz Ihrer klaren Botschaft weiter quengelt und schreit?

EL 2:

Ich könnte ihm sagen: „Du darfst ruhig wütend sein, aber du bekommst die Süßigkeiten nicht." Und dann könnte ich weiter einkaufen und das Geschrei mit ruhiger Gelassenheit ertragen.

GL:

Das ist eine sehr gute Idee. Sie **lassen Ihr Kind seine** aus seiner Sicht verständliche **Wut ausdrücken**, lassen sich selbst aber dadurch nicht in Ihrer Entscheidung beeinflussen. Sie kaufen in **ruhiger Gelassenheit** weiter ein und versuchen sich weder durch das Geschrei Ihres Kindes noch durch Bemerkungen von Passanten aus der Ruhe bringen zu lassen.

EL 2:

Dadurch lernt mein Kind, dass ihm das Geschrei nicht hilft und gewöhnt es sich in Zukunft vielleicht ab.

GL:

Wenn Sie das immer wieder konsequent ruhig in dieser Art durchführen, dann wird Ihr Kind dieses unangenehme Verhalten aufgeben.

EL 4:

Also ich könnte das nicht. In aller Seelenruhe mit einem schreienden Kind durch den Laden gehen und weiter Einkaufen, das würde mir nicht gelingen.

GL:

Ja. Vielleicht haben Sie eine andere Idee. Wie könnten Sie mit dieser Situation umgehen?

EL 4:

Ich kannte das auch. Aber jedes Mal, wenn mir das Schreien und Quengeln zuviel wurde, habe ich mit meinem Kind den Laden verlassen. So hat es auch nicht das bekommen, was es mit dem Schreien erreichen wollte. Das hat auch ganz gut geholfen.

GL:

Da haben Sie recht. Auch dieses Vorgehen wäre eine mögliche logische Konsequenz. Wichtig ist, dass eine logische Konsequenz möglichst jedes Mal wenn sie notwendig wird „konsequent durchgeführt" wird. Das Problem bei dem von Ihnen geschilderten Vorgehen könnte sein, dass Sie sich natürlich auch selbst beeinträchtigen. Sie können den geplanten Einkauf nicht zu Ende führen.

EL 4:

Das war für mich nicht so schlimm. Dann ist mein Mann eben abends alleine einkaufen gefahren.

GL:

Sie haben für sich in Ihrer Familie somit eine gute Möglichkeit gefunden, solche Problemsituationen zu entschärfen und letztlich abzubauen. Gibt es noch weitere Ideen, wie man solche Situationen entschärfen kann?

Eventuell geäußerte weitere Vorschläge werden besprochen. Anschließend **werden nacheinander die weiteren Kategorien problematischer Routinesituationen aufgegriffen** und analog die in Frage kommenden Ursachen und Lösungsmöglichkeiten erörtert (siehe Hintergrundinformationen zur fünften Gruppensitzung). Abschließend sollten einzelne Problemsituationen mit Lösungsmöglichkeiten im **Rollenspiel** vertieft werden.

Es folgt der Hinweis auf das **Arbeitsblatt 5** und die **Aufgaben zu diesem Arbeitsblatt** mit anschließender Verabschiedung.

Zusammenfassung der fünften Gruppensitzung

Problematische Routinesituationen im Alltag

- Begrüßung

- Besprechung der **Hausaufgaben** mit Wiederholung der wesentlichen Punkte zu (20 Min.):

  - logischen Konsequenzen

  - und der Auszeit

- **Thema** dieser Sitzung (insgesamt 50 Min.): **problematische Routinesituationen des Alltags**,
  Beispielgeschichte: Einkauf mit Dreijährigem im Supermarkt, Trotzanfälle wegen Süßigkeiten, Reaktionen der Passanten.
  Sammeln der Erfahrungen der Eltern zu diesem Thema, Besprechen möglicher **Ursachen für kindliches Problemverhalten in alltäglichen Routinesituationen**:

  - Überforderung (nicht altersgemäße Erwartungen an das Kind)

  - Zeitdruck der Eltern

  - Situationen, in denen „Funktionieren" erwartet wird

  - „Trotzreaktion" im Rahmen der Autonomieentwicklung

  - Kampf um Beachtung

  - Machtkampf

- Erarbeiten von **Lösungsmöglichkeiten**

  - Entschärfung durch Vorbereitung

  - Ablenkung

  - klare Botschaften

  - ruhig - gelassene Konsequenz (ruhige, abwartende Haltung oder paradoxe Interventionen etc.)

  - logische Konsequenzen

  - Auszeit

  für jede **Kategorie einer Problemsituation** z. B.:

  - morgendliches Aufstehen

  - gemeinsame Mahlzeiten

  - gemeinsames Autofahren

  - gemeinsames Einkaufen

  - Hausaufgaben

  - abendliches Zubettgehen

  - Sondersituation: Geschwisterstreit

- **Rollenspiel** (20 Min.) einer Problemsituation mit Lösungsalternativen

- Hinweis auf **Arbeitsblatt 5** und die zugehörigen Aufgaben

Sechste Gruppensitzung:
Kinder mit hyperaktiven und
aggressiven Verhaltensauffälligkeiten

Materialien

- Arbeitsblatt 6a: Aufmerksamkeits-Defizit-Syndrom (ADS/ADHS)
- Arbeitsblatt 6b: Weitere Hilfen für Kinder mit Verhaltensproblemen und ADHS
- Arbeitsblatt 6c: Spezielle Trainings bei Kindern mit Verhaltensproblemen und ADHS
- Aufgaben zu den Arbeitsblättern 6b/6c

Ziele

- Aufklärung über Hintergründe hyperaktiver, aggressiver und oppositioneller Verhaltensauffälligkeiten

- Grundlagen des Umgangs mit Kindern, die diese Verhaltensauffälligkeiten zeigen

Hintergründe

Kinder mit auffälligen Verhaltensweisen sind nicht selten. Je nach Untersuchung werden bei bis zu 16 % der männlichen und bis zu 9 % der weiblichen Kinder und Jugendlichen unter 18 Jahren Störungen des Sozialverhaltens beobachtet (Petermann 1997). Zu diesen Störungen zählen auffallend aggressives und oppositionelles Verhalten sowie Dissozialität. Außerdem geht man davon aus, dass bei etwa 5 % aller Kinder und Jugendlichen eine Störung mit Hyperaktivität besteht (Döpfner 1997). Auch hierbei sind Jungen etwa dreimal häufiger auffällig als Mädchen. Zusätzlich besteht bei ca. 75 % aller hyperaktiven Kinder nach Einschätzung ihrer Eltern auch eine aggressive Verhaltensauffälligkeit.

Hyperaktive Verhaltensauffälligkeiten treten meist im Rahmen eines Aufmerksamkeitsdefizit-Hyperaktivitätssyndroms (**ADHS** bzw. ADS) auf. Diese Kinder können Symptome wie auffallende motorische Unruhe, Unkonzentriertheit und Ablenkbarkeit, Schwierigkeiten aufmerksam zuzuhören, auffallende Stimmungsschwankungen, mangelnde Impulskontrolle, geringes Einfühlungsvermögen in Andere etc. zeigen (Aust-Claus 1999, Blanz 2001). Bei **oppositionell-aggressiven Verhaltensauffälligkeiten** zeigt sich vor allem auffallend trotziges, widerspenstiges und feindseliges Verhalten gegen Erwachsene. Diese Kinder ärgern und verärgern Andere vorsätzlich, sind leicht reizbar und schnell wütend (Döpfner 1997). Diese oppositionellen Verhaltensstörungen sind häufig der Vorläufer für aggressiv-dissoziale Verhaltensstörungen im Übergang zum Jugendalter. Bei diesen Verhaltensstörungen kommt es häufig zu Bedrohungen und Schikanen gegenüber Anderen. Konflikte werden häufig mit z.T. brutalen körperlichen Mitteln angegangen. Lügen, Stehlen, Brandstiftung, Einbruch, Streunen, Quälen von Mensch und Tier, Schuleschwänzen sind weitere Merkmale dieser schweren Form einer Verhaltensstörung (Döpfner 1997). Bezüglich der Diagnostik aller dieser genannten Verhaltensauffälligkeiten (Döpfner 2000), zur Abgrenzung der Störungen voneinander, sowie zur Koordination einer **multimodalen Behandlung** (Verhaltenstherapie, Elterntraining, medikamentöse Behandlung mit Stimulanzien, Soziotherapien unter Begleitung durch das Jugendamt etc.) sollten die betroffenen Familien unbedingt von Kinder- und Jugendärzten bzw. Kinder- und Jugendpsychiatern betreut werden (Skrodski 2001).

Elterninformation über das Wesen dieser Verhaltensauffälligkeiten und ihre Ursachen, sowie über die Möglichkeiten des **konsequenten und einfühlsamen Umgangs der Eltern** mit ihren Kindern sind ein wichtiger Bestandteil des therapeutischen Vorgehens. Diese Kenntnisse und Fertigkeiten können mit Eltern in speziellen Therapieprogrammen erarbeitet werden (Döpfner 1997). Andererseits können diese Informationen auch in Elternschulungen wie dem vorliegenden Programm Berücksichtigung finden, da nicht alle Eltern Zugang zu intensiven Therapieprogrammen haben und da sich die grundlegenden Aspekte des elterlichen Umganges mit ihrem Kind (siehe Gruppensitzung 1-5) bei verhaltensauffälligen Kindern und nicht verhaltensauffälligen Kindern gleichen. Erfahrungen mit verschiedenen Elterntrainings, die nicht speziell für Familien mit ADHS entwickelt wurden, zeigen, dass auch Eltern, deren Kinder ein ADHS haben, von derartigen Schulungsprogrammen profitieren (Bor 2002, Huang 2003, Penthin 2004). Daher wurde die vorliegende sechste Gruppensitzung zu diesem Thema konzipiert.

Die **Ursachen des ADHS** scheinen im Wesentlichen im genetischen Bereich zu liegen (Moll 2001). Erbliche Faktoren beeinflussen die biochemische Signalübertragung zwischen Nervenverbindungen (Synapsenfunktion). Die Signalübertragungsfunktion durch den Botenstoff Dopamin (Neurotransmitter) ist in verschiedenen Gehirnbereichen (frontokortiko-striatale Hirnsysteme) bei Menschen mit ADHS verändert (Krause 2000). Der Medikamentenwirkstoff Methylphenidat greift regulierend in diese gestörten Funktionen ein und bewirkt somit häufig sehr beeindruckende Veränderungen des Verhaltens mit deutlicher Besserung der Impulskontrolle und der inhibitorisch-motorischen Funktionen sowie der Aufmerksamkeitsfähigkeit. Nicht selten litten auch die Eltern hyperaktiver Kinder als Kind unter hyperaktiven Problemen oder leiden auch als Erwachsene noch immer an den Problemen einer persistierenden Störung der Aufmerksamkeit und der Impulskontrolle (Wender 2000). Darum fällt es häufig gerade diesen betroffenen Eltern so schwer, ruhig und konsequent mit den Verhaltensauffälligkeiten ihrer Kinder umzugehen.

Die **Ursachen für oppositionell-aggressive Störungen** des Sozialverhaltens können einerseits auch in einem zugrunde liegenden ADHS begründet sein. Oft stellen sich diese Auffälligkeiten aber aufgrund einer schon sehr früh belasteten Eltern-Kind-Beziehung mit den damit verbundenen Interaktionsproblemen ein. Aggressive Verhaltensstörungen bei Kindern findet man vor allem in Familien mit verschiedensten psychosozialen Risikofaktoren wie ökonomische Probleme, Arbeitslosigkeit, enge Wohnverhältnisse, Gewalt zwischen den Eltern, Vereinsamung und Trennung der Eltern etc. (siehe auch Penthin 2001, Petermann 1994). Wenn Kinder ein „schwieriges Temperament" haben, so kann es sein, dass Eltern, die unter eigenen Problemen leiden und sich kaum liebevoll auf ihr Kind einlassen können, dieses „schwierige Verhalten" mit Aggressivität beantworten. Dadurch wird dem Kind schon früh ein aggressives Modell vorgelebt (siehe Gruppensitzung 3 und 4). Andererseits erhalten gerade diese Kinder oft nur wenig positive Aufmerksamkeit und Zuwendung. Somit verfallen die Kinder zunehmend in aggressives Verhalten, da dieses ihnen „elterliche Zuwendung" (negative Zuwendung in Form von Beschimpfen und Drohungen und körperliche Bestrafung) sichert. Oft wechselt im weiteren Verlauf ein resignierend-gleichgültiges, ablehnendes Verhalten der Eltern mit aggressiv-überzogenen Reaktionen. Gerade aber auch eine „Nichtreaktion" der Eltern kann als fehlende Zuwendung das unangenehme Verhalten der Kinder verstärken, da die Kinder nun noch stärker aggressives Verhalten zeigen müssen um sich von den Eltern wahrgenommen zu fühlen. Dieses in der Familie gelernte aggressive Verhalten wird von den Kindern zunehmend in ihr außerfamiliäres Kontaktfeld getragen (Kindergarten, Schule). Aber auch dort erfahren sie dadurch nur Ablehnung und Gegenaggression, die ihnen schon aus der Familie bekannten Reaktionen, die ihr Verhalten nur noch bestärken. Durch diese Ablehnung wird das Kind zunehmend in Gleichaltrigengruppen getrieben, in denen sich Kinder mit ähnlicher Problematik zusammenfinden. Dort erfährt das problematische Verhalten direkte Anerkennung, wodurch eine weitere Verstärkung resultiert. Der Weg in die Dissozialität und Kriminalität ist gebahnt (Patterson 1989; Übersicht bei Petermann 1997).

Die beschriebenen Grundlagen problematischen Sozialverhaltens (mit und ohne ADHS) und die ungünstigen, das Verhalten verstärkenden Anteile auf Seiten der Eltern, sind zusätzlich auf Arbeitsblatt 6a skizziert. Alle Kinder und besonders Kinder mit einer gestörten Aufmerksamkeit und einer gestörten Impulskontrolle (ADHS) profitieren von Strategien, welche auf Arbeitsblatt 6b angeführt sind. Die Strukturierung des alltäglichen Ablaufs, die Vermeidung plötzlicher Störeinflüsse, die klare, eindeutige Kontaktaufnahme in Form von klaren Botschaften (siehe Gruppensitzung 4) sind vor allem im Zusammenleben mit leicht ablenkbaren, hyperaktiven Kindern mit Konzentrationsschwierigkeiten hilfreich (Aust-Claus 1999). Dadurch gelingt es diesen Kindern besser, ihre beeinträchtigte aber durchaus vorhandene Konzentrations- und Selbststeuerungsfähigkeit besser zu nutzen. Bei unerwünschtem Verhalten sind grundsätzlich jedoch die gleichen Strategien anwendbar, wie bei allen anderen Kindern auch (siehe Gruppensitzung 4). Auch hier ist es wichtig, den Kindern bei Regelübertritt als Eltern in ruhiger aber konsequenter Haltung gegenüberzutreten. Außerdem können Eltern lernen, ihre Kinder an bestimmte Techniken im Umgang mit Problemen (Ärgerkontrolltraining, Selbstinstruktionstraining etc.), die auf Arbeitsblatt 6c aufgeführt sind, heranzuführen. Diese Techniken sind auch Bestandteil anderer verhaltenstherapeutischer Programme (Döpfner 1997, Lauth 1997).

Je nach Bedarf seitens der teilnehmenden Eltern können in der sechsten Gruppensitzung folgende Inhalte thematisiert werden:

- theoretische Informationen zum ADHS
- theoretische Informationen zu Störungen des Sozialverhaltens
- elterliche Interventionsmöglichkeiten: die Grundlagen innerfamiliärer Beziehungsgestaltung (Gruppensitzung eins bis vier) gelten auch hier, zusätzlich können weitere Strategien wie Problemlösetraining, Ärgerkontrolltraining etc. (Arbeitsblatt 6c) mit den Eltern geübt werden.

Beispiel für einen möglichen Ablauf der sechsten Gruppensitzung

GL:

Begrüßung und Besprechung der Aufgaben zu Arbeitsblatt 5. Anschließend Einführung ins Thema der sechsten Gruppensitzung:

Heute können wir über **Kinder, die oft Probleme haben, sich sozialverträglich zu verhalten,** sprechen, also über Kinder, die hyperaktiv sind, die eine Aufmerksamkeitsstörung haben, die auffallend aggressiv und widerstrebend sind oder die dazu neigen, kriminelle Handlungen zu begehen. Vielleicht haben auch einige von Ihnen mit Ihren Kindern ähnliche Schwierigkeiten, über die Sie hier sprechen möchten?

EL:

Reaktionen der Eltern werden abgewartet. Sowohl zustimmende Reaktionen (in dem Sinne, dass einige EL diese Probleme kennen) aber auch vielleicht (entrüstet-)ablehnende Reaktionen (in dem Sinne, wie man nur auf die Idee kommen könne, dass ihre Kinder diese Probleme hätten) können geäußert werden. Diese Reaktionen können sowohl die vielleicht dankbare **Bereitschaft** signalisieren, endlich einmal über diese Probleme sprechen zu können, diese Reaktionen können aber auch eine starke **Abwehr** dieses vielleicht die Familie sehr belastenden Themas ausdrücken.

GL:

Kommentiert die Äußerungen der Eltern zusammenfassend ohne Wertung:

Ich finde es sehr gut, dass Sie den Mut hatten, hier diese Probleme anzusprechen. Bei einigen konnte ich das Bedürfnis heraushören, darüber weiter zu sprechen, andere kannten diese Probleme nicht und wieder andere möchten darüber nicht so gerne sprechen. Ich möchte Ihnen den Vorschlag machen, dass diejenigen, die darüber sprechen möchten, diese Gelegenheit in der heutigen Sitzung nutzen können, die anderen können gerne zuhören oder sich je nach Bedarf auch gerne aktiv in das Gespräch einbringen. Denjenigen, die diese Verhaltensprobleme auch bei ihren Kindern kennen, die aber darüber nicht so gerne sprechen möchten, kann ich, wenn Sie möchten, im Anschluss an die Sitzung individuelle Gesprächsmöglichkeiten vermitteln.

Die GL sollte also in der Lage sein, **Kontakt zu weiteren beratenden oder therapeutischen Institutionen zu vermitteln** oder gegebenenfalls selbst Einzelberatung durchführen zu können.

Ich möchte Ihnen vorschlagen, dass wir ein paar Problemsituationen, die Sie mit Ihren Kindern immer wieder aufgrund hyperaktiven oder oppositionellen Verhaltens erleben, besprechen. Wer möchte beginnen?

GL begleitet den Einigungsprozess über die Reihenfolge des Berichtens.

EL 1:

Also mein Sohn, er ist fünf Jahre alt, kann einfach nicht hören. Wenn ich ihn rufe, kommt er nicht, wenn ich ihm etwas auftrage, macht er es nicht. Ständig macht er Sachen kaputt und der Kindergarten beklagt sich auch immer häufiger. Ich habe mir schon einmal überlegt, ob er nicht hyperaktiv ist."

GL:

Haben Sie Ihr Kind schon einmal diesbezüglich kinderärztlich oder kinderpsychologisch untersuchen lassen?

EL 1:

Nein, mein Hausarzt sagt immer, mein Sohn sei halt ein wenig wilder als die anderen Kinder, das verwachse sich schon.

GL:

Ich möchte Ihnen vorschlagen, Ihr **Kind** baldmöglichst **kinderärztlich und kinderpsychologisch untersuchen** zu lassen. Denn leider verwächst sich problematisches Verhalten nicht so einfach. Vielleicht können Sie jetzt aber einmal eine ganz **konkrete Problemsituation** schildern, die Sie kürzlich erlebten.

EL 1:

Ja, am Esstisch haben wir immer Probleme. Mein Sohn zappelt nur herum, er springt immer wieder auf, kann nicht ruhig sitzen bleiben, verschmiert Marmelade überall, verschüttet ständig seinen Kakao und redet und redet ohne Unterlass. Wenn wir ihn dann ermahnen, so hilft das gar nichts. Mein Mann fängt dann immer an, laut zu werden, er brüllt unseren Sohn an und verweist ihn der Küche. Aber geändert hat das noch nichts.

GL:

Ist das in anderen Situationen mit Ihrem Sohn auch so problematisch?

EL 1:

Ja. Er kann nicht ausdauernd spielen. Wenn andere Kinder spielen, dann stört er die immer und findet keine Freunde.

GL:

Was Sie schildern, erinnert an eine Hyperaktivität. Darum möchte ich Sie nochmals bitten, Ihr Kind diesbezüglich untersuchen zu lassen. Haben Sie **Informationen, wie es zu hyperaktiven Verhaltensweisen kommen kann**?

EL 2:

Die Kinder können nichts dafür, das machen sie nicht absichtlich.

EL 1:

Mein Mann ist aber davon überzeugt, dass unser Sohn ihn nur ärgern will. Darum wird er auch immer so wütend.

GL :

Es ist schon richtig, dass hyperaktive Kinder ihr Verhalten nicht absichtlich derart gestalten, dass sich andere Menschen geärgert fühlen.

EL 2:

Das ist angeboren. Die Kinder können nichts für ihr Temperament.

GL:

Genau. Man geht davon aus, dass bei hyperaktivem Verhalten eine sogenannte Aufmerksamkeitsstörung, ein ADHS, vorliegt. Dieses **ADHS unterliegt gewissen erblichen Faktoren**. Das kann man also nicht einfach „wegerziehen".

EL 2:

Der Hirnstoffwechsel dieser Kinder ist anders, habe ich einmal gehört.

GL:

Ja. In manchen Gebieten des Gehirns funktioniert die **Informationsübertragung zwischen den Nervenzellen** anders als bei Kindern, die kein ADHS haben. Die Kinder können also wirklich nichts dafür.

EL 1:

Dann tun wir unserem Kind ja Unrecht, wenn wir ständig nur schimpfen?

GL:

Sie haben Recht. Ständiges Schimpfen wird dem Kind nicht gerecht. Ständiges Schimpfen ist aber ohnehin ungünstig, wie wir ja in den vorangegangenen Gruppensitzungen besprochen haben.

EL 1:

Wie sollen wir dann aber mit unserem Sohn umgehen?

GL:

Ich möchte diese Frage gerne an alle weitergeben.

EL 3:

Ich könnte mir vorstellen, dass es z.B. beim Essen gut wäre, wenn nicht zu viele Sachen in Reichweite des Kindes auf dem Tisch stünden, dadurch würde es nicht so „in Versuchung" geführt, Unsinn zu machen.

GL:

Das ist eine sehr gute Idee. Alle Sachen in der Umgebung des Kindes, können es von der eigentlichen erwarteten Aufgabe ablenken, da seine **Aufmerksamkeit beim ADHS natürlicherweise leicht ablenkbar** ist.

EL 2:

Ich könnte das Kind bei den einzelnen Aufgaben unterstützen, indem ich ihm helfe, die **Aufgaben schrittweise zu lösen.**

GL:

Das hört sich gut an. Wie würden Sie das machen?

EL 2:

Ich könnte das Kind als erstes fragen: „Was möchtest du essen?" Wenn es ein Marmeladenbrot möchte, so könnte ich ihm zuerst eine Scheibe Brot reichen und dann fragen: „Was brauchst du jetzt?" Wenn es dann antwortet: „Marmelade", dann reiche ich ihm den Marmeladentopf und frage weiter: „Brauchst du noch etwas?" Das Kind sagt z.B.: „Ein Messer". Dann reiche ich ihm eins und führe es so Schritt für Schritt durch die Tätigkeit. Dadurch lernt das Kind eine Handlung schrittweise zu realisieren.

GL:

Das ist eine tolle Idee. Das ähnelt dem Vorgehen in Gruppensitzung drei, in der wir bespra-
chen, wie Kinder an neue Fertigkeiten durch leitendes Fragen herangeführt werden. So ähnlich funktionieren auch sogenannte Selbstinstruktionstrainings, die auf dem Arbeitsblatt 6c
vorgestellt werden. Aber dazu kommen wir noch später.

EL 1:

Aber das klingt doch etwas albern. Das muss mein Sohn doch längst können.

GL :

Vielleicht kann er das ja auch schon. In der **reizüberfluteten Situation** des gemeinsamen
Abendessens kann es aber sein, dass seine Gedanken drunter und drüber laufen. Vielleicht
ist Ihr Sohn, wenn er eine Aufmerksamkeitsstörung hat, **in dieser Situation überfordert**,
Ihrem Anspruch zu genügen. Dann können Sie ihm mit einem solchen Vorgehen wieder
mehr Struktur und Sicherheit geben. Wenn Sie mögen, so probieren Sie das doch einmal
aus.

EL 1:

Das klingt plausibel. Ich werde das einmal mit meinem Mann besprechen und ausprobieren.

GL :

Prima, vielleicht können Sie durch **strukturierte Hilfestellungen** für Ihren Sohn und durch
den Versuch, die Unbeholfenheit Ihres Sohnes als nicht böswillig zu sehen so manche Situation zu Hause entlasten. Aber wir hatten noch andere Eltern, die über eine Problemsituation sprechen wollten.

Schrittweise kann mit den Eltern so das Wesen des ADHS , die damit verbundenen Verhaltensprobleme und die elterlichen Reaktionsmöglichkeiten (siehe Gruppensitzung 3 und 4 sowie Arbeitsblatt 3, 4a, 4b. 6a, 6b, 6c) erarbeitet werden. Gemäß der Beispiele, die durch die
Eltern angeführt werden, kann auch die oppositionell-aggressive Verhaltensauffälligkeit ohne
ADHS thematisiert werden. Diese Verhaltensauffälligkeiten entwickeln sich meist auf dem
Boden einer problematischen Eltern-Kind-Beziehung, in der Kinder zu wenig oder nur negative Beachtung erleben oder in der Kinder gelernt haben, Machtkämpfe zu initiieren und dadurch das Selbstwertgefühl zu stabilisieren. In diesem Zusammenhang können einzelne
Grundlagen aus den Sitzungen 1 bis 5 aufgegriffen werden. Gegebenenfalls muss den betroffenen Eltern jedoch ein individuelles Beratungs- oder Therapieangebot gemacht werden,
wenn möglich (im Einverständnis mit den Eltern) unter Einbezug des Amtes für soziale
Dienste (Jugendamt).

Eine zentrale elterliche Fertigkeit ist, im Umgang mit den Kindern ruhig zu bleiben. Daher ist
es sinnvoll, diese wichtige Fertigkeit im Rollenspiel zu üben. Es können exemplarisch Konfliktsituationen ausgewählt werden, in der klare Botschaften ausgesprochen werden, bei
gleichzeitiger Kontaktaufnahme auf mehreren Ebenen (s. Arbeitsblatt 4a).

Abschließend erfolgt der Hinweis auf die **Arbeitsblätter 6a-6c,** sowie auf die **zugehörigen
Aufgaben.** Verabschiedung.

Zusammenfassung der sechsten Gruppensitzung

ADHS und oppositionelles Problemverhalten

- **Begrüßung**

- Besprechung der **Hausaufgaben** *(20 Min.)*

- Thema: *(insgesamt 20 Min.)* **Hilfen für Kinder mit Verhaltensproblemen** (ADHS, oppositionell-aggressives Verhalten).
  Reale Problemsituationen in den Familien werden erörtert. Die **Grundlagen** des

  - **ADHS**

    a) Symptomatik (Aufmerksamkeitsstörung, Impulskontrollstörung, Hyperaktivität), Besprechung z. B. anhand FBB-HKS (Döpfner 2000)
    b) Ursachen (Genetik, pränatale Risikofaktoren, Verstärkung durch ungünstige elterliche Reaktionen etc.)

sowie

  - **oppositioneller Verhaltensstörungen**

    a) Symptomatik, Besprechung z. B. anhand FBB-SSV (Döpfner 2000)
    b) Ursachen (ADHS, belastete Eltern-Kind-Beziehung, siehe auch Schema nach Patterson 1989)

werden erarbeitet

- **Hilfestellungen für den Alltag** werden erarbeitet *(40 Min.)*:

  - Verstärkung positiven Verhaltens durch

    a) Lob
    b) Zuwendung
    c) Gesprächsbereitschaft
    d) Punkteplan

  - Meiden von Reizüberflutung
  - Strukturierung des Alltags
  - konsequenter erzieherischer Umgang:

    a) Regeln
    b) Klare Botschaften
    c) Logische Konsequenzen
    d) Auszeit

  - Hilfen für das Kind:

    a) Problemlösestrategien
    b) Selbstinstruktionstraining
    c) Ärgerkontrolltraining
    d) Zusammenarbeit mit Kindergarten und Schule
    e) medikamentöse Therapie, wenn indiziert

werden im Rahmen der konkreten Teilnehmerbeispiele erarbeitet.

- **Rollenspiel:** *(10 Min.)* Klare Botschaft

- Hausaufgaben: **Aufgaben zu Arbeitsblatt 6a-6c**, Fortführung des Verhaltensfragebogens 2 und 3

Siebte Gruppensitzung: Medienerziehung

Materialien

- Arbeitsblatt 7a/b: Medienerziehung
- Aufgaben zu den Arbeitsblättern 7a/7b

Ziele

- Anregung zur Reflektion über Medienkonsum in der eigenen Familie

- Erarbeitung von Hintergrundwissen über Nutzen und Risiken von Medienkonsum, v.a. in Bezug auf Bildschirmmedien

- Entwicklung von Konsequenzen für den Bildschirmmedienkonsum in der eigenen Familie

Hintergründe

Der Konsum von Bildschirmmedieninhalten wird in unserer Gesellschaft zunehmend alltagsprägend. Die Bundeszentrale für gesundheitliche Aufklärung veröffentlichte 1997 folgende Zahlen: Vorschulkinder sehen täglich im Durchschnitt 75 Minuten fern, Grundschulkinder 92 Minuten, Kinder zwischen 10 und 13 Jahren 108 Minuten, Eltern 180 Minuten. Man geht davon aus, dass jede Nacht nach 23 Uhr in Deutschland etwa 500.000 Kinder zwischen 9 und 13 Jahren das Nachtprogramm mit Gewalt und Sex sehen (Bundeszentrale für gesundheitliche Aufklärung 1997). Etwa 35 % der 6- bis 8-jährigen Kinder sehen pro Woche 30 Stunden und mehr fern. Für diese Kinder ist die Fernsehzeit somit länger als die Schulzeit (Stier 1999). Amerikanische Untersuchungen zeigten, dass die Zahl der Gewaltdelikte nach Einführung des Fernsehens in einem abgelegenen Dorf in den ersten fünf Jahren um 160 Prozent zunahm, während in fernsehlos gebliebenen vergleichbaren Dörfern sich das aggressive Verhalten nicht änderte (Übersicht bei Zeltner 1996). Fiktive Gewalt in Film und Fernsehen wird allerdings in der Regel nur bei *den* Kindern zum Modell für reale Gewaltausübung, die auch im täglichen Leben Gewalt und Aggression erleben (Übersicht bei Rogge 1999). Zusätzlich zur Perzeption von Fernseh- und Video-Inhalten ist in den letzten Jahren der zunehmende Konsum von PC-Inhalten (Spiele, Internet-Surfing) von Bedeutung. Die Frage, ob gewaltträchtige und ängstigende Bildschirminhalte eine psychische Bedrohung für Kinder darstellt, wird kontrovers diskutiert. Die therapeutische Alltagserfahrung zeigt jedoch, dass bei vielen Kindern Ängste in Zusammenhang mit ängstigenden Bildschirminhalten, die nicht adäquat verarbeitet werden konnten, entstehen und dass gewalttätige Medienhelden als Vorbilder für entsprechend vulnerable Kinder (s.o.) von Bedeutung sind. Das sind ausreichende Gründe, mit Eltern den Bildschirmmedienkonsum kritisch zu bearbeiten.

Die Perzeptionsfähigkeiten von Kindern hinsichtlich Bildschirminhalten und die pädagogischen Konsequenzen im Umgang mit Bildschirmmedien sind altersabhängig (Übersicht: Bundeszentrale für gesundheitliche Aufklärung 1997, Mikat 1998). Zusammenfassende Informationen sind auch den Arbeitsblättern 7a und 7b, sowie 11-14 zu entnehmen.

In den **ersten beiden Lebensjahren** lernen Kinder durch Begreifen Belutschen, Bewegen, Ausprobieren, im Verlauf auch durch Zusehen, Zuhören und Imitieren. Bewegte Bilder im Fernsehen interessieren Kinder zwar, werden aber nicht verstanden. Die Konsequenz sollte sein, Fernsehen als in diesem Alter überflüssig anzusehen und zu meiden. Besser ist es, Kinder reichlich Realerfahrungen machen zu lassen (Spiel und Bewegung), aber auch intensiv in eine zwischenmenschliche sprachliche Kommunikation mit dem Kind zu investieren (viel miteinander sprechen, Geschichten erzählen, Vorlesen, Bilderbücher gemeinsam ansehen und besprechen).

Im **dritten bis fünften Lebensjahr** entwickelt sich zunehmend das Denken. Das magische Denken (animistisch, unbelebte Gegenstände werden als beseelt erlebt) und das prälogische Denken (unsichere Unterscheidung zwischen real und fiktiv sowie unsicherer Bezug zwischen Ursache und Wirkung) sind vorherrschend. Optische und akustische Informationen werden für die Kinder jedoch bedeutsamer. Die Aufmerksamkeitsspanne ist noch kurz (meist nur 20 bis 30 Minuten). Fernsehbilder werden gefühlsorientiert perzipiert. Die Kinder vermischen oft Realität und Fiktion, Raum- und Zeitsprünge werden oft nicht verstanden. Die Konsequenzen für den Bildschirmkonsum sollten daher folgendermaßen aussehen: Die Kinder sollten nur maximal eine halbe Stunde pro Tag fernsehen. Es ist auf kurze, kindgerechte Filmeinheiten zu achten, idealerweise mit Happy End. Eltern sollten mit Ihren Kindern zusammen fernsehen, um ihr Kind auch emotional bei vielleicht unverhofft aufregenden oder ängstigenden Inhalten zu begleiten. Kinder müssen nach dem Fernsehen die Gelegenheit haben, die Inhalte emotional im Spiel oder je nach Alter im Gespräch mit den Eltern zu verarbeiten. Die Gefühle des Kindes müssen respektiert werden! Unkontrolliertes Fernsehen sollte nicht als „Babysitter" missbraucht werden.

Im Alter von **sechs bis neun Jahren** werden für die Kinder zunehmend auch kompliziertere Zusammenhänge erkennbar, Schlussfolgerungen werden möglich, Ursache-Wirkungs-Beziehungen werden verstehbar und die Unterscheidung zwischen Realität und Fiktion wird zunehmend besser möglich. Allerdings sind bis zum Alter von acht Jahren Verwischungen zwischen Realität und Fiktion durchaus nicht ungewöhnlich. Die Aufmerksamkeitspanne wird länger, die Kinder verstehen verschiedene Erzählperspektiven, sie verstehen Raum- und Zeitsprünge, neigen aber immer noch ausgeprägt zu Identifikationen mit Medienfiguren. Lange Fernseh- und PC-Konsumzeiten bergen jedoch auch die Gefahr von Haltungsproblemen und Übergewicht im Zusammenhang mit Bewegungsmangel. Folgende Konsequenzen für den Bildschirmkonsum in diesem Lebensalter erscheinen sinnvoll: Begrenzung der täglichen Bildschirmzeit auf 1 Stunde. Dadurch steht den Kindern noch genügend Zeit zur Verfügung, sich mit der Umgebung und anderen Menschen real in Bewegung, Spiel und Gespräch zu beschäftigen. Zur Vorbeugung von Haltungsproblemen ist die Bauchlage beim Fernsehen zu bevorzugen, Snacks und Süßigkeiten, auch süße Getränke sollten beim Fernsehen gemieden werden. Idealerweise sollten Eltern und Kinder gemeinsam eine Vorauswahl der zu sehenden Bildschirminhalte treffen. Wenn möglich sollten auch in diesem Alter nicht mehrere Sendungen hintereinander gesehen werden, um den Kindern im Anschluss die emotionale Verarbeitung im Spiel zu ermöglichen. Das begleitete Fernsehen mit Freunden, Geschwistern oder Eltern ist zu bevorzugen, um einen Austausch über das Gesehene zu ermöglichen.

Zusätzlich kann bei Vorschul- und Grundschulkinder die **Fähigkeit zur Medienanalyse** gezielt gefördert werden (Mikat 1998). Dadurch, dass z.B. eine Geschichte vorgelesen wird, auf Kassette gehört wird und im Film gesehen wird, können Kinder lernen zwischen den verschiedenen Medienwirkungen besser zu unterscheiden. Durch gemeinsames Erstellen spielerischer Fototricks oder gemeinsam gedrehter Videos lernen Kinder, dass Foto- und Filminhalte nicht unbedingt der Realität entsprechen müssen.

Für **PC-Konsum** gelten ähnliche Gesichtspunkte. Auch hier ist je nach Alter ein maßvoller, durch die Eltern begleiteter PC-Gebrauch mit kindgerechten Inhalten zu beachten. Pädagogisch sinnvolle PC-Spiele sind für alle Altersgruppen erhältlich. Entsprechende Begutachtungen und Empfehlungen werden laufend aktualisiert (Feibel). Videospiele, die oft von Gewalt und Brutalität geprägt sind, sollten weitestgehend gemieden werden.

Beispiel für einen möglichen Ablauf der siebten Gruppensitzung

GL:

Begrüßung und Besprechung der Erfahrungen mit den Aufgaben zu Arbeitsblatt 6b-c

Einführung ins Thema der siebten Gruppensitzung: **Medienerziehung.**

Medien und vor allem **Bildschirmmedien**, Fernsehen, Videos, Videospiele, Computer usw., begleiten uns jeden Tag. Kinder müssen lernen mit diesen Einflüssen umzugehen. Die Wirkung von ängstigenden und brutalen Bildschirminhalten auf Kinder ist nicht von der Hand zu weisen.

Stellen Sie sich doch einmal vor, Ihr Kind würde den morgigen Nachmittag und Abend bei einem Freund / einer Freundin in der Nachbarschaft verbringen. Das Wetter wäre schlecht. Die Wahrscheinlichkeit, dass die Zeit dort von Fernsehen, Videospielen und PC-Konsum bestimmt wird, ist groß. Wie ginge es Ihnen bei dieser Vorstellung, was kommen Ihnen für Gedanken in den Sinn?"

Die EL berichten nacheinander Ihre Assoziationen

Es zeigt sich, dass Sie ganz unterschiedliche Assoziationen und Gedanken haben. Wie handhaben Sie **zu Hause** bei sich den **Umgang mit Bildschirmmedien?**

Die konkreten Haltungen der Eltern werden angehört. Anschließend erfolgt der Übergang in eine Phase der gemeinsamen **Informationserarbeitung über kindliche Medienperzeption.**

Vielen Dank für Ihre Beiträge. Es zeigt sich, dass ganz unterschiedliche Haltungen zu den Bildschirmmedien bestehen. Alle Haltungen werden respektiert.

Fernsehen wird von Kindern unterschiedlichen Alters ganz verschieden aufgenommen. Was denken Sie, nimmt ein dreijähriges Kind beim Ansehen einer Filmgeschichte wahr?"

EL:

Gedanken werden genannt. Bei inhaltlich stimmigen Äußerungen erfolgt eine verstärkende Zusammenfassung der GL, etwa in der folgenden Art:

GL:

Ja, Sie haben recht. Ein dreijähriges Kind nimmt Einzelheiten gut wahr, aber Zusammenhänge werden oft noch nicht erkannt. Welche Konsequenzen könnte man daraus ableiten?

EL:

Äußerungen werden gesammelt.

GL:

Ja, genau. Es ist sicher besser, wenn Kinder im Kindergartenalter nur kurze Beiträge, die inhaltlich für sie geeignet sind, sehen. Welche Inhalte halten Sie für geeignet?

EL 1:

Ich finde, dass die Sendungen nicht zu hektisch sein dürfen. Nach diesen Zeichentrickserien ist mein Sohn immer ganz hibbelig.

EL 2:

Meine Tochter bekommt immer so schnell Angst. Gerade auch bei Tierfilmen. Vor Bären und Löwen, die im Fernsehen gezeigt werden, läuft sie immer weg.

EL 3:

Mein Sohn sieht immer gern diese Serien mit den Power-Helden, die herumschießen und mit tollen Autos fahren. Danach ist er auch immer ganz rappelig. Da mache ich mir schon Sorgen.

GL:

Ja, Inhalte, die nicht so hektisch-aufwühlend sind, die möglichst nicht ängstigend sind und die kein problematisches Vorbild zeigen, wie diese Power-Helden, die Probleme nur durch Gewalt lösen, sind schon wünschenswert. Aber darauf können und dürfen Sie in diesem Alter **Einfluss nehmen**. Was ist aber nun, wenn Ihr Kind doch schreckliche **Angst** bekommt beim Ansehen einer bestimmten Sendung?

EL 2:

Ich sehe immer nur gemeinsam mit meiner Tochter fern. Wenn Sie Angst bekommt, kuschelt sie sich in meinen Arm, manchmal machen wir dann auch einfach aus und bereden das Gesehene noch mal. Oft merke ich aber, dass sie noch Tage später mit ihren Puppen das Spiel „wilde Tiere" spielt. Dann mache ich mir schon Gedanken.

GL:

Sie machen das doch prima. Wenn Sie **gemeinsam mit Ihrem Kind eine Sendung ansehen**, so können Sie Ihrem Kind in emotional aufwühlenden Situationen direkt beistehen. Das ist das Beste, was Sie machen können. Dass Ihr Kind die Fernseherlebnisse noch Tage später nachspielt, ist normal und ein wichtiger Verarbeitungsmechanismus.

EL 5:

Mein Sohn ist 7 Jahre alt. Auch wir sehen, wenn möglich, zusammen fern. Anschließend erzählt er mir immer noch einmal, was er gesehen hat. Das braucht er richtig, erst dann ist das Thema für ihn erledigt.

GL:

Ihr Kind braucht also das **Gespräch über das Gesehene** zur weiteren Verarbeitung. Aber warum ist diese Verarbeitung so wichtig?

EL 4:

Wenn aufwühlende Gefühle beim Kind während der Sendung entstanden, so müssen diese doch raus, da sich das Kind sonst lange mit diesen Gefühlen herumquälen könnte.

GL:

Völlig richtig. Geben Sie also Ihrem Kind Gelegenheit, seine **Gefühle im Spiel oder im Gespräch, je nach Alter,** zu **verarbeiten.** Dadurch verhindern Sie, dass sich unangenehme Gefühle festsetzen und Ihr Kind leiden lassen. **Kennen Sie so etwas auch aus Ihrer Kindheit?**

EL 3:

Wir durften nicht viel sehen. Damals gab es ja auch noch nicht so eine überflutende Programmvielfalt. Aber „Flipper" durfte ich sehen. Wie oft habe ich mit Freunden oder meinem Bruder gefährliche Szenen nachgespielt, z.B. wo die Helden nur knapp einem Haiangriff entkamen.

GL:

Vielleicht wurde durch dieses Verarbeiten im Spiel mit der Zeit die Angst vor dem „Gefressenwerden" abgebaut?

EL 3:

Ich glaube auch. Je öfter wir diese Szene spielten, desto weniger gruselig war sie.

GL:

Gibt es noch andere Erinnerungen aus der eigenen Jugend an Filme, die damit verbundenen **Gefühle und** an **Verarbeitungsmöglichkeiten,** die Sie durchlebten?"

EL:

Weitere Erinnerungen der Eltern werden berichtet.

GL:

Diese Berichte werden von der Gruppenleitung zusammengefasst und der geschilderte Umgang mit den beteiligten Gefühlen analysiert.

Manchmal kann es aber sein, dass **Ihr Kind eine gemeinsam mit Ihnen gesehene Szene völlig anders wiedergibt** als Sie sie gesehen haben.

EL:

Erlebtes wird berichtet und zusammengetragen

GL:

Jeder Mensch nimmt Gesehenes anders wahr. Selbst 6 bis 8-jährigen Kindern fällt es manchmal noch schwer zwischen **Realität** und **Fiktion** zu unterscheiden. Welche Konsequenzen lassen sich aus dem bisher Erarbeiteten für unseren familiären Bildschirmalltag ableiten?

Verschiedene Aspekte wie: **Kinder möglichst nicht allein mit unbekannten Bildschirmin-halten vor dem Bildschirm zu lassen sondern emotional zu begleiten, das Gesehene gemeinsam zu besprechen, die Fernsehzeit zu begrenzen, damit Zeit zur Verarbeitung im Spiel oder im Gespräch besteht** und damit die Aufnahmefähigkeit der Kinder nicht überfordert wird, werden erarbeitet.

Kinder, die täglich zwei oder vier Stunden vor dem Fernsehen oder dem Computer sitzen, können Probleme bekommen, haben Sie eine Idee, was diese Kinder beeinträchtigen könnte?

EL 5:

Unser Nachbarsjunge ist so ein „Vielseher". Den sieht man nie draußen. Er ist eher immer allein und mittlerweile auch schon reichlich übergewichtig.

GL:

Da sprechen Sie etwas wichtiges kann. **Übermäßiger Bildschirmkonsum**, kann durch Bewegungsarmut **gesundheitliche Schäden**, wie Haltungsprobleme oder Übergewicht fördern.

EL 2:

Ich muss ja ehrlich gestehen, dass bei uns die Kiste von morgens bis abends läuft. Selbst bei den Mahlzeiten. Das hat sich so eingespielt. Keiner will das ändern. Wir sitzen dann alle da, stopfen wortlos unser Essen in uns hinein und blicken auf die Glotze.

GL:

Wie fühlen Sie sich damit?

EL 2:

Das ist so zur Gewohnheit bei uns geworden. Aber mir fällt auf, dass wir kaum noch miteinander reden. Kürzlich bekam ich einen Anruf von der Lehrerin, dass die Leistungen von unserem Ältesten, er ist 12 Jahre alt, so schlecht seien. Da wusste ich gar nichts von. Er erzählt ja auch nichts.

GL:

Sie bringen die „Sprachlosigkeit" in Ihrer Familie mit dem Fernsehkonsum in Verbindung?

EL 2:

Ja, und mit dem **Computer**. Der Große kommt aus der Schule und setzt sich sofort an den PC. Wenn ich sage, er soll aufhören, dann wird er wütend. Ich traue mich schon gar nicht mehr, ihn darauf anzusprechen. Aber in der Schule brennt es jetzt.

GL:

Gibt es Ideen bei den EL, wie Frau X mit diesem Problem umgehen könnte? Denn ich glaube, dass Sie recht haben. Der ausgedehnte Bildschirmkonsum in Ihrer Familie lässt das Gespräch und den Austausch untereinander verarmen und die **Schulprobleme** könnten damit auch in Beziehung stehen.

EL 1:

Also ich würde einen **Familienrat** einberufen und das Problem zur Sprache bringen. Das haben wir hier doch früher schon besprochen. Gegen Sprachlosigkeit kann man nur mit Sprache angehen.

GL:

Ich denke das ist eine gute Idee. Vielleicht sollten wir diesen Familienrat hier einmal im Rollenspiel durchgehen, wie könnte dieses Gespräch aussehen?

Je nach Zustimmung oder Ablehnung der Betroffenen kann jetzt weiter verfahren werden. Vielleicht können im Rollenspiel mit anderen EL Lösungsmöglichkeiten erarbeitet werden.

Ich denke dass es wichtig ist, Sprachlosigkeit zu überwinden. Was könnte sonst mit den betroffenen Kindern passieren?

EL 1:

Die könnten sich vielleicht immer weiter zurückziehen und dann **nur noch in ihrer fiktiven Welt leben**. Vielleicht werden sie dann auch einmal so gewalttätig wie ihre Bildschirmhelden.

GL:

Das ist ein wichtiger Einwurf. Einsame, zurückgezogene Kinder können sich möglicherweise nicht mehr geliebt fühlen und versteigen sich in ihre fiktiven Welten und müssen möglicherweise irgendwann einmal mit **explosiver Gewalt** auf sich aufmerksam machen.

Weitere Beiträge der Elternschaft werden diskutiert

Abschließend möchte ich mich noch einmal bei Ihnen für Ihre Mitarbeit bedanken. Vielleicht können Sie sich zu Hause noch einmal mit den **Arbeitsblättern 7a und 7b** sowie den **zugehörigen Aufgaben** beschäftigen. Vielleicht gelingt es Ihnen, den eigenen Medienkonsum – wenn nötig – anders zu gestalten. Denn Medieninhalte können nicht nur unterhaltsam, spannend oder informativ sein, sonders möglicherweise auch gefährlich.

Zusammenfassung der siebten Gruppensitzung

Medienerziehung

- **Begrüßung**

- Besprechung der **Hausaufgaben zu Arbeitsblatt 6b und 6c** *(10 Min.)*

- Vorstellung des Themas **Medienkonsum** (Bildschirmmedien: Fernsehen, Video, DVD, PC, Internet, Videospiele etc.), Statistische Informationen *(5 Min.)*

- Zusammentragen der **Mediengewohnheiten der** anwesenden **Eltern** *(10 Min.)*

- Erarbeitung der **Grundlagen** von altersabhängiger
  - Informationsperzeption
  - Informationsverarbeitung
  (siehe Arbeitsblatt 7a und 7b) *(10 Min.)*

- Entwicklung von Möglichkeiten **positiver Unterstützung der Kinder** im Umgang mit den Bildschirmmedien *(30 Min.)*:

  - gemeinsam Sehen

  - Bildschirmzeit begrenzen (um Überforderung zu vermeiden und Verarbeitung des Gesehenen durch Spiel oder Gespräch zu gewährleisten)

  - gemeinsame Auswahl altersadäquater Programme

  - Meiden überfordernder Medieninhalte

  - Spielerische Förderung der Unterscheidungsfähigkeit zwischen Realität und Fiktion durch gemeinsames Erstellen von

    a) Fotos, Fotomontagen
    b) Videos

- **Erörterung potentieller Gefahren** die von exzessivem Medienkonsum ausgehen können *(30 Min.)*:

  - Angstinduktion

  - Gewaltinduktion bei psychisch vulnerablen Kindern

  - Sprachentwicklungsverzögerungen

  - Verstärkung einer innerfamiliären Kommunikationsstörung

  - gesundheitliche Probleme

    a) Haltungsschwächen
    b) Übergewicht
    c) Konzentrationsstörungen (Bildschirmbegrenzung bei ADHS)
    d) Kopfschmerzen
    e) etc.

- **Erörterung möglicher positiver Auswirkungen** der Medien *(10 Min.)*:

  - Informationsgewinn (Achtung: Hinterfragen von „Internet-Informationen"!)

  - Hineinwachsen in die EDV-Technologie

- Rollenspiel: Besprechung der familiären „Bildschirmgewohnheiten im Familienrat

- Hausaufgaben: **Arbeitsblätter 7a und 7b** mit zugehörigen Aufgaben

Achte Gruppensitzung: Spiel- und Freizeitgestaltung

Materialien

- Arbeitsblatt 8: Spielarten, Funktionen des Spiels, Spielmaterialien
- Aufgaben zu Arbeitsblatt 8

Ziele

- Kennenlernen der Spielarten und Spielfunktionen
- Besprechung der Anforderungen an verschiedene Spielmaterialien und Spielzeuge
- Erörterung möglicher kindlicher Gestaltungsmöglichkeiten der Freizeit

Hintergründe

Schon immer hatte Spiel für den Menschen eine wichtige Bedeutung. Man kann davon ausgehen, dass fast jedes Kind das Bedürfnis entwickeln würde, sich aus Fell, Stoffen oder anderen Materialien ein Bündel als „Kuscheltier" oder Puppe zu basteln, wenn es sich natürlich entfalten könnte. In unser heutigen zivilisierten Gesellschaft wird das Basteln und Spielen mit einfachen Naturmaterialien häufig jedoch durch den Einkauf entsprechender Gegenstände ersetzt.

Spiel kann verschiedene Funktionen erfüllen:

Bereits in der frühen kindlichen Entwicklung (erste Lebensmonate) **lernt** das Kind **spielerisch** sich und **seine Umgebung kennen**. Durch Be-Greifen erfährt es die Eigenschaften seiner Umwelt (Formen, Temperaturen, Konsistenzen, etc.), entwickelt eigene Fähig- und Fertigkeiten und entdeckt seine Umgebung, in dem es z.B. hinter einem Stoffball herkrabbelt. Die ersten Grenzerfahrungen werden wahrgenommen. Aus der Entwicklung erster Erfahrungen und Fertigkeiten wird ein Gefühl der Sicherheit aufgebaut, um neue Handlungen und „Entdeckungsreisen" zu beginnen. Im Spiel wird **aktives Handeln** angeregt, es wird Probehandeln ermöglicht. Der Spielfluss wird durch ein Wechselspiel zwischen Aktivität und scheinbarer Passivität getragen (Mogel, 1994).

Spiel kann Freude bereiten. Der **Spaß** am Spielen steht oft im Vordergrund. Es muss jedoch nicht immer ein Spielziel oder Spielende erreicht werden um Freude zu erleben. Spiel kann auch der **Entspannung** und der Ablenkung dienen. Dieser Faktor ist häufig für das Spiel der Erwachsenen ausschlaggebend. Spielen (v.a. beim Erwachsenen) setzt oft einen Kontrapunkt zum Alltagsstress und kann das Gefühl der Freiheit und Lebensfreude vermitteln.

Durch Spiel lernt das Kind, sich mit seinen Mitspielern und damit mit seiner sozialen Umwelt auseinander zusetzen. Es werden Kontakte geknüpft und **soziale Kompetenzen entwickelt**. Erfolgs- aber auch Misserfolgserfahrungen finden sich nicht nur im spielerischen Ablauf sondern in allen Lebensbereichen. Es gibt oft Gewinner und Verlierer. Gerade das Verlieren muss erst gelernt werden. Hier ist es wichtig, dass die begleitenden Gefühle ausgedrückt werden können (z.B. Wut, Traurigkeit). Letztendlich sollten Kinder im gemeinsamen Spiel lernen, dass nicht das Gewinnen sondern das Miteinander zählt. Gerade Erwachsene nehmen hier eine Vorbildfunktion ein.

Spiel kann der **Aufarbeitung** von Alltags- und Problemsituationen dienen. Im Rollen- oder Puppenspiel werden Ereignisse und Eindrücke aus dem Alltag nachgespielt (siehe auch Gruppensitzung 7, Verarbeitung bewegender Emotionen durch Spiel). Häufig übernimmt das Kind die Rolle einer anderen Person. Menschen aus der bekannten Alltagswelt werden zu Figuren einer Spielwelt (siehe auch entwicklungspsychologische Informationen der Arbeitsblätter 11 bis 14).

Eltern sollten an dem, was ihre Kinder spielen, Interesse zeigen. Auch hier gilt der Grundsatz der **Ehrlichkeit und Echtheit**. Kinder spüren, wenn ihnen etwas vorgeheuchelt wird. Eltern sollten im **gemeinsamen Spiel** nicht das Gefühl haben, mit ihren Kindern Spiele spielen zu müssen, die ihnen selbst keine Freude bereiten. Dadurch könnte die Spielatmosphäre zwischen Eltern und Kindern getrübt werden. Eltern sollten lieber mit ihren Kindern Spielformen verhandeln, die beiden Spaß machen. Häufigeres gemeinsames Spiel, das allen Beteiligten Freude bereitet, ist (auch wenn es jeweils nur wenige Augenblicke dauert, wie z.B. Fangen spielen, Kitzeln, Fingerspiele, lustige Geräusche mit dem Mund machen, etc.) wertvoller für die gemeinsame Beziehung als lang ausgedehntes gemeinsames Spiel, welches den Eltern keine wirkliche Freude bereitet.

Geplantes Spielen (vor allem gemeinschaftliches Spiel) wird oft von Spannungsbögen getragen. Es gibt einen Anfang (z.B. Aufbau des Spielmaterials), einen Hauptteil, in dem Spannung und Entspannung wechseln und ein Ende (z.B. gemeinsames Aufräumen). Die Intensität hängt von den Mitspielern ab (Alter, bereits gelernte Fähigkeiten, etc.) und vom Charakter des Spieles. Schwierige Regeln erschweren die Spielbereitschaft und hemmen den Spielfluss. Für das **spontane Spiel** sollten je nach Möglichkeiten räumliche und materialbezogene Bedingungen geschaffen werden, die sich günstig auf ein kreatives Spielverhalten auswirken.

Spielmaterialien sollten Aufforderungscharakter haben, zum Experimentieren und der aktiven Auseinandersetzung anregen. Spielmaterial, welches nur zur eindimensionalen, weitestgehend vorkonfektionierten Auseinandersetzung anregt, wie z.B. hochspezielles „Fertigspielzeug", ist nicht ideal. Bevor ein Spiel oder **Spielzeug** angeschafft wird, ist die Beschaffenheit auf die Bedürfnisse des Kindes zu überprüfen. Die Beschaffenheit des Materials sollte das Interesse anregen und verschiedene Sinne ansprechen. Spielzeug sollte aus abwaschbaren, giftfreien Materialien bestehen, idealerweise aus Naturmaterialien und robust und altersstufengerecht sein (siehe Tabelle und Arbeitsblätter 11 bis 14). Spielzeug sollte, wenn möglich, sowohl für das Einpersonen- als auch für das Mehrpersonenspiel geeignet sein. Je nach Alter und Begabung können Eltern und Kind(er) selbst Spielzeug erfinden und herstellen. Oft benötigt man nur einfache Materialien aus dem Haushalt, um ein Spiel zu bauen. Der Ausgestaltung sind keine Grenzen gesetzt und sie richtet sich nach den jeweiligen Ideen und Gegebenheiten. Auch natürliche Materialien stellen oft gutes Spielzeug dar. Ein Stein lässt sich z.B. multifunktional einsetzen und birgt mehr Erfahrungsmöglichkeiten im Sinne des Be-Greifens als das Computerbild eines Steines, das sodann per Mausklick manipuliert werden kann.

Die „freie Zeit" eines Kindes im Kleinkind- und Vorschulalter sollte idealerweise im wesentlichen vom **Frei-Spiel** geprägt sein. Ein Kind „verspielt" täglich bis zu 8 Stunden. Mit dem Besuch des Kindergartens beginnt für die meisten Kinder eine Umstrukturierung des Alltags. In der Regel befinden sie sich wochentags für ca. 3-4 Stunden (manchmal mehr) in einer Kindertagesstätte. Hier werden im und mit dem Spiel grundlegende Lebenserfahrungen auch im sozialen Miteinander gelernt. Die Nachmittagsstunden der Kindergarten- und Vorschulkinder sind heutzutage jedoch nicht selten von Seiten der Eltern durch strukturierte **Freizeitaktivitäten**, wie Kinderturnen oder Musikunterricht etc. verplant. Zum eigentlichen Frei-Spiel bleibt oft leider kaum noch Zeit.

Die „Freizeitgestaltung" von Kindern findet zum Teil im **Kinderzimmer** statt. In der Regel befinden sich dort Stofftiere bzw. Puppen, Konstruktionsmaterial (Bauklötze u.ä.), Puzzles, Autos, Spiele, Bücher, Musikinstrumente etc., genügend Spielzeug, damit keine Langeweile aufkommt. Heutzutage haben Kinder oft so viel Spielzeug, dass sie bereitwillig „Altes und Ungeliebtes" für Sammlungen spenden. Noch zu Beginn des letzten Jahrhunderts waren Kinder froh, wenn sie ein oder zwei Spielsachen ihr Eigen nennen konnten. Es wurde geflickt und genäht, wenn dem Teddy ein Ohr fehlte. Das ist nicht mehr nötig. Ein Werteverlust ist entstanden. Was würde aber geschehen, wenn sämtliches Spielmaterial aus dem Kinderzimmer entfernt werden würde? In einem absolut reizarmen Zimmer würde ein Kind zunächst wahrscheinlich tatsächlich **Langeweile** empfinden. Diese Langeweile jedoch birgt einen Aufforderungscharakter. Sie öffnet den Kopf für neue Ideen und Gedanken. Das Kind würde beginnen, zu experimentieren. Es probiert z.B. aus, wie viele Schritte es von einer Wand zur nächsten benötigt. Dann legt es dieselbe Strecke hinkend zurück. Die Wand gibt unterschiedliche Geräusche, wenn man unterschiedlich darauf klopft. Im Kopf können auch Phantasiegeschichten entstehen. Auch eine reizarme Umgebung kann ein Kind somit zum Spielen motivieren, wenn es gelernt hat, neugierig zu sein und sich nicht davor fürchtet, neue Dinge auszuprobieren.

Kinder sollten neben Kindergarten oder Schule ihre Verabredungen treffen und durchaus auch einzelne zusätzliche Termine wie Turnen o.Ä. wahrnehmen (es ist wichtig, Kinder schon früh dabei zu unterstützen, Hobbys zu entwickeln), ohne von diesen Terminen überhäuft zu werden, denn Kinder benötigen auch Zeiten mit Rückzugsmöglichkeiten, um z.B. Eindrücke des Alltags zu verarbeiten. Wenn möglich sollte ein Teil der Freizeit draußen **im Freien** verbracht werden. Gemeinsame Spaziergänge, Spielplatzbesuche, Spielen im Wald, vor dem Haus sind nur einige Beispiele. Den „Spielraum Natur" kann man mit allen Sinnen erfahren (Riechen, Schmecken, Hören, Sehen, Tasten, Fühlen). Zusätzliche Möglichkeiten der **Freizeitgestaltung innerhalb des Hauses** können kreative Tätigkeiten wie Basteln, Töpfern, Malen, Musizieren sein, Tätigkeiten, die man auch mit anderen gemeinsam ausüben kann. Außerdem sind kommunikative Arten der Freizeitgestaltung wie z.B. Geschichten erzählen, Vorlesen usw. neben dem Spiel weitere wichtige Möglichkeiten, *miteinander* freie Zeit zu gestalten. Viele dieser Beschäftigungen sind wertvolle Alternativen zum Medienkonsum (siehe Gruppensitzung 7).

Empfohlenes Spielmaterial für die verschiedenen Altersstufen (Auswahl)

Alter	Spielzeug
ab 1. Monat	Spieluhr, Klangsspiel, Holz- oder Plastikring, Kuscheltier aus Frottee, Mobile
ab 3. Monat	Greifspielzeug (Rasseln, Ring, Beißring), Trapez für Bett, Quietschetier, Schwimmtier
ab 6. Monat	Stoffball, Stoffpuppe, Becher oder Hohlwürfel zum Ineinanderstecken, abwaschbares Bilderbuch (Leporello), Schaukelpyramide
ab 1 Jahr	Stoffball, Schiebefahrzeug, Rutschauto, Holzauto zum Beladen und Ziehen, Sandkastenspielzeug, Holzbausteine, Bilderbücher aus festem Karton, Formen-Lern-Box, einfaches Puzzle (fünf Teile), Hampelmann, Kreisel

ab 2 Jahren	Puppe mit weichem Körper, Stofftier, Telefon, einfache Haushaltsgeräte, Hammerspiel, Holzeisenbahn, Wachsmalstifte, Fingerfarben, große Papierbögen, Schaukelpferd, Schlitten, Dreirad, Xylophon
ab 3 Jahren	Puppe und Zubehör, Bauernhof o.Ä., viele Bauklötze, Miniaturautos, größere Fahrzeuge mit verschiedenen Funktionen (Handbetrieb), Schaukel, Schubkarre, Tretfahrzeug, Tafel, große Holzperlen zum Auffädeln, einfache Gesellschaftsspiele (Memory), Bilderbücher, Wasserspielzeug, Material zum Legen, Stecken, Nageln. Achtung: keine verschluckbaren Kleinteile!
ab 4 Jahren	Babypuppe und Zubehör, Kasperltheater, Kaufladen, Doktorkoffer, Puzzlespiele, Buntpapier, Schere, Knete, Faserstifte, Verkehrsanlage mit Zubehör, Kugelbahn, Roller, Fahrrad
ab 5 Jahren	großer Puppenwagen und Zubehör, Konstruktionsmaterial, Wasserfarben, Pinsel, Buntstifte, Malbücher, Kinderbücher, Gesellschaftsspiele
Grundschule	Verkleidungskiste, Bücher, Kinderpost, Telefone, Pferdeleinen, Schreibmaschine, Radio, Kassettenrekorder, Tafel, Roll- und Schlittschuhe, Modellautos, Ausschneidebogen, Karten- und Gesellschaftsspiele, Zauberkästen, Konstruktionsspielzeug (Lego© und Fischer-Technik©), Handarbeitsmaterial, Fotoapparat, Sportgeräte

(Quellen: aus Nees-Delaval „Wir werden Eltern", Niederhausen, 1994 und
        Peter Thiesen „Arbeitsbuch Spiel", München, 1987)

Beispiel für einen möglichen Ablauf der achten Gruppensitzung

GL:

Begrüßung, Besprechung der **Aufgaben zu Arbeitsblatt 7a und b**. Anschließend wird ein **Stein** in die Mitte gelegt.

Unser **heutiges Thema** befasst sich mit dem Bereich: **Spiel, Spielzeug und kindliches Freizeitverhalten**. Ich habe in die Mitte einen Stein gelegt. Stellen Sie sich vor, dass dies Ihr einziges Spielmaterial wäre. Lassen Sie uns gemeinsam darüber nachdenken, **wie und was mit diesem Stein gespielt werden könnte**.

Der Stein wird in die Hand genommen, im Kreis herum gereicht. Die Beschaffenheit seiner Oberfläche wird untersucht. Er fällt auf dem Boden. Von einem EL wird der Stein mit dem Fuß in Richtung eines anderen EL gekickt. Es entsteht ein kleines Spiel „Steinkicken".

EL:

Es folgen nacheinander verschiedene Spielvorschläge (Kicken, Werfen, Spiele wie Himmel und Hölle, Stein als Werkzeug, etc.).

GL:

Lobt die Vorschläge. Ggf. wird ein weiteres Spielmaterial, z.B. ein Stück Tuch, in den Kreis gereicht. Weitere Spielvorschläge würden folgen.

Versuchen Sie bitte einmal kurz, sich an Ihre eigene Kindheit zu erinnern. Womit haben Sie am liebsten gespielt?

EL:

Nacheinander werden verschiedene Dinge genannt.

GL:

Die genannten Begriffe werden ggf. in **Spielarten** zusammengefasst, z.B. Ballspiele, Rollenspiel, etc. Es folgt der Vergleich mit dem gegenwärtigen Spielverhalten der Kinder.

Welches Spiel würden Sie denn als das Lieblingsspiel Ihres Kindes innerhalb der letzten Monate ansehen.

EL:

Wieder folgen nacheinander Begriffe. Von den EL werden evtl. Ähnlichkeiten wahrgenommen.

EL 1:

Meine Tochter kann sich gar nicht konzentrieren. Nach dem Kindergarten essen wir und danach kommt sie ständig zu mir, weil sie nur mit mir spielen will. Sie ist gerade 4 Jahre alt geworden. In ihrem Kinderzimmer hat sie so viel schöne Spielsachen. Die interessieren sie gar nicht. Sie spielt mal dies mal das, kann sich gar nicht konzentrieren. Ich habe auch nicht immer Zeit und Lust, ständig parat zu sein. Ich arbeite vormittags und bin froh, wenn ich mich mittags für eine halbe Stunde hinlegen kann.

GL:

Geht zunächst auf die Kinderzimmersituation ein.

Sie haben geschildert, dass Ihre Tochter so viele schöne Spielsachen hat. Nennen Sie uns ein paar Beispiele. Ich denke, jede(r) wird etwas wiedererkennen.

EL 1:

Zählt Spielsachen auf. Einige EL nicken, andere stimmen verbal zu.

EL 2:

Das ist aber ganz schön viel. So viel Spielzeug hat meine Tochter nicht. Das ist ja kein Wunder, dass die gar nichts mit sich anzufangen weiß.

GL:

Frau X, Sie haben den Einwurf von Frau Y gehört. Sie ist der Meinung, dass Ihre Tochter **zu viel Spielzeug** hat. Wie sehen Sie das?

EL 1:

Meine Tochter ist doch ein Einzelkind. Sie wissen doch, wie das mit den Verwandten ist. Die wird wie eine kleine Prinzessin behandelt. Besonders von meinen Eltern. Bei jedem Besuch bringen Sie eine neue Puppe mit. Sie hat bald einen ganzen Spielzeugladen in ihrem Zimmer.

GL:

Die Menge der Spielsachen im Zimmer Ihres Kindes stört Sie?

EL 1:

Ja, sehr, sie will auch nicht aufräumen. Überall liegen die Puppen herum. Gerade gestern bin ich aus Versehen auf eine getreten. Da ist der Arm abgebrochen. Meine Tochter hat es noch nicht einmal bemerkt. Sie legt die Puppen auf den Boden, und da bleiben sie dann liegen. Danach hat sie schon wieder etwas Neues ausgesucht.

GL:

Spielen Sie **gemeinsam** mit Ihrer Tochter ?

EL 1:

Natürlich! Wie ich schon sagte, wir haben gerade gegessen, da geht die Fragerei schon los."

GL:

Schildern Sie uns bitte einmal eine Spielsituation mit den Puppen.

EL 1:

schildert eine Spielsituation mit den Puppen, die damit beginnt, dass alle Puppen nebeneinander auf den Boden gelegt werden. Die Tochter nennt diese Situation „Stuhlkreis". Bevor jedoch in diesem „Stuhlkreis" etwas geschieht, steht das Kind auf und holt sich seine Malsachen.

GL:

Ihre Tochter begann in diesem Beispiel mit einem **Rollenspiel**. Eine Situation im Kindergarten wollte sie nachspielen, brach dann aber ab.

EL 1:

Ja, sie spielt dann gar nicht weiter. Das finde ich schade.

GL:

Wie haben Sie darauf reagiert?

EL 1:

Ich habe sie dann das nächste Spiel machen lassen.

GL:

Sie sagten, dass sie das eigentlich schade finden, wenn Ihre Tochter das begonnene Spiel nach wenigen Minuten abbricht. Was könnten Sie tun?

EL 1:

Ich weiß es nicht. Ich kann doch nicht über das Spiel meiner Tochter bestimmen.

EL 2:

Ich würde dann mit den Puppen weiterspielen. Die Tochter wäre sicher überrascht und würde wieder mitmachen.

GL:

Sie würden versuchen **durch Ihr Vorbild** Ihre Tochter zu **motivieren** mit dem Spiel fortzufahren.

EL 2:

Ja. Dann lernt sie ja, dass es Spaß macht, das Spiel weiterzuspielen.

GL:

Das ist eine gute Idee, die man in einer solchen Situation ausprobieren kann. Frau X, Sie sagten außerdem, dass es Ihnen wichtig ist, nach der Arbeit und dem Mittagessen eine halbe Stunde auszuruhen. Ihre Tochter hindert Sie aber daran?

EL 1:

Ja, schon. Ich habe schon den Unterschied bemerkt, wenn ich ausgeruht bin. Ich habe viel mehr Lust und auch Ideen.

GL:

Haben Sie Ihrer Tochter gegenüber Ihre Bedürfnisse schon einmal ausgesprochen ?

EL 1:

Nein. Ich habe immer ein schlechtes Gewissen, weil ich berufstätig bin. Da muss ich dann doch Zeit mit meiner Tochter verbringen.

GL:

Vielleicht wäre es aber für Sie und für Ihre Tochter schöner, diese Zeit unter anderen Bedingungen miteinander zu verleben, z.B. dann wenn Sie sich berechtigterweise erholt und ausgeruht haben.

EL 1:

Dann quengelt sie die ganze Zeit herum. Ich komme nicht dazu, mich auszuruhen.

GL:

Vielleicht könnten Sie Ihrer Tochter auf einer großen Uhr zeigen, dass Sie dann mit ihr spielen, wenn der große Zeiger von da nach dort gewandert ist und ihr mit einer klaren Botschaft mitteilen, dass Sie sich bis dahin ausruhen werden und dieses dann auch konsequent durchhalten und nicht vorher mit ihr spielen.

EL 1:

So klar habe ich das noch nie probiert.

GL:

Ich kann Sie nur ermutigen, dieses zu versuchen. Sie müssen nur zur **Konsequenz** entschlossen sein. Sie haben ein Recht auf Ihr Bedürfnis nach Ruhe und Erholung. Das **Erkennen und weitestgehende Akzeptieren eigener Bedürfnisse** ist für ein befriedigendes Zusammenleben wichtig. Das hatten wir ja auch schon mal in den ersten beiden Gruppensitzungen angesprochen. Was gibt es noch für Erfahrungen mit dem Spiel- und Freizeitverhalten Ihrer Kinder?

EL:

Aus der Gruppe werden reihum verschiedene Erlebnisse berichtet, die in ähnlicher Art gemeinsam besprochen werden. EL 3 berichtet auch über das Problem des überquellenden Kinderzimmers.

EL 3:

Im Zimmer meines vierjährigen Sohnes ist auch viel **zu viel Spielzeug**. Trotzdem langweilt er sich jeden Tag. Ich bin da ganz hilflos.

GL:

Wenn Sie der Meinung sind, dass Ihr Sohn zuviel Spielzeug besitzt, überlegen Sie gemeinsam, welches Spielzeug zunächst in den Schrank, auf den Dachboden /Keller gestellt wird. Vielleicht gehen Sie einmal so weit, dass Sie einen Großteil des Spielzeugs wegstellen. Entdecken Sie das wenige verbleibende Spielzeug mit Ihrem Sohn gemeinsam neu. Genau wie bei dem Stein oder dem Tuch zu Beginn der heutigen Sitzung ersichtlich wurde, birgt Spielzeug meist viele Möglichkeiten und Funktionen.

EL:

Weitere EL berichten von einem Versuch, den sie mit ihrem Kind vor einigen Wochen unternommen hat, als das Kinderzimmer tapeziert werden sollte. Das Spielzeug wurde für einen Tag „verbannt", stattdessen hat das Kind mit Kleister und Zeitungspapier gespielt.

GL:

Je nach den Berichten der verschiedenen Eltern können in ähnlicher Weise die Themen: **Funktionen des Spiels, Anforderungen an Spielzeug, Möglichkeiten der Freizeitgestaltung** erarbeitet werden. Näheres ist den Hintergrundinformationen zur achten Gruppensitzung zu entnehmen.

Zum Abschluss folgt der Hinweis auf **Arbeitsblatt 8** sowie die **Aufgaben zu diesem Arbeitsblatt** mit anschließender Verabschiedung.

Zusammenfassung der achten Gruppensitzung

Spiel und Freizeitgestaltung

- Begrüßung, Besprechung der Aufgaben zu Arbeitsblatt 7a und 7b mit kurzer Wiederholung der vorherigen Gruppensitzung

- Thema dieser Gruppensitzung: Spiel, Spielzeug, Freizeitverhalten

- Sammeln von Erfahrungen der Eltern zu diesem Bereich. Spiel früher – Spiel heute

- Erörterung von Problemsituationen zu diesem Thema (Spielunlust, zuviel Spielzeug etc.)

- Erarbeiten von Lösungsmöglichkeiten (gemeinsames Spiel, Spielvorbild durch Eltern, Rollenspiele, Reduktion der Spielzeugmenge etc.)

- Thematisierung des Bereiches kindlichen Freizeitverhaltens (Verabredungen, durch Eltern strukturierte Freizeitgestaltung, Frei-Spiel, Spiel im Freien, Spiel in Innenräumen, Anregung zu Hobbys)

- Hinweis auf Arbeitsblatt 8 und die jeweiligen Aufgaben

Neunte Gruppensitzung: Suchtprävention

Materialien

- Arbeitsblatt 9a: Sucht, Einflussfaktoren für Suchtverhalten
- Arbeitsblatt 9b: Suchtprävention
- Aufgaben zu den Arbeitsblättern 9a/9b

Ziele

- Besprechung suchtbegünstigender Faktoren

- Erarbeitung von Strategien zur Suchtprävention

Hintergründe

Suchtprävention bedeutet, unfrei-abhängige, süchtige Verhaltensformen durch frühestmöglichen erzieherischen Einfluss und vor allem durch eine tragfähige, positive Beziehungsgestaltung zwischen Eltern und Kind zu vermeiden.

Auch im Erwachsenenalter beginnt Sucht oft scheinbar harmlos, z.B. mit dem Glas Wein, um zu entspannen, mit dem Zug an der Zigarette, um besser denken zu können, mit der Schlaftablette, um zu vergessen usw. Solche Verhaltensweisen, die zu scheinbarem Wohlbefinden verhelfen oder unangenehme Momente überbrücken helfen, sind vielen Erwachsenen vertraut und können – maßvoll angewendet – in gewissen Lebenssituationen helfen, Abstand zu gewinnen. Nicht selten entwickelt derartiges Verhalten jedoch eine Eigendynamik, die es dem Betreffenden zunehmend schwerer macht, dieses Verhalten zu kontrollieren. Letztlich entwickelt sich eine Sucht, in der das nunmehr nicht mehr kontrollierbare Verhalten aufgrund unstillbaren Verlangens immer häufiger durchgeführt werden muss, um scheinbares „Wohlbefinden" zu erreichen (Peschel 1996). Spätestens dann, sind die betroffenen Menschen unfrei und als Sklaven ihrer Sucht in dieser gefangen. Am Beginn einer Suchtentwicklung steht also oft der Versuch, mit bestimmten Verhaltensweisen unangenehmen Situationen oder Gefühlen auszuweichen. Es gibt verschiedene Formen von Sucht: Alkoholsucht, Arbeitssucht, Drogensucht, Fernsehsucht, Konsumsucht, Medikamentensucht, Nikotinsucht, Sexsucht u.a.

Der süchtige Mensch hat nicht mehr die Möglichkeit, frei zu entscheiden, ob er eine Tätigkeit ausüben, ein Mittel zu sich nehmen will oder nicht. Er verspürt einen inneren Drang, gegen den er sich scheinbar nicht mehr zur Wehr setzen kann. Durch die Zuführung bzw. Einnahme stoffgebundener Suchtmittel wird ein Wohlgefühl erzeugt, wodurch eine unerträgliche Situation angenehmer erscheint. Die negativ wirkende auslösende Gegebenheit wird jedoch nicht beseitigt sondern nur überdeckt. In der Folge können Gewöhnungseffekte entstehen, so dass die Dosierung des Suchtmittels gesteigert werden muss, damit sich die gewünschte Wirkung (Flucht vor unangenehmen Situationen und Gefühlen) wieder einstellt. Mit der Zeit entsteht eine körperliche wie auch psychische Abhängigkeit. Entzugserscheinungen (beim Absetzen bzw. Reduzierung des Suchtmittels) werden oftmals als noch unangenehmer als die jeweilige unangenehme Ausgangssituation empfunden. Der ursprüngliche „Auslöser" tritt immer mehr in den Hintergrund.

Probierkonsum führt nicht notgedrungen zur Abhängigkeit. Zur Entwicklung einer Abhängigkeit müssen mehrere ungünstige Umstände gleichzeitig zusammenwirken. Wenn die Gesamtmenge an Belastungen (Konflikte, Unsicherheit, Sinnleere, Unlust,...) größer ist als die Belastungsgrenze eines Menschen, kann eine Suchtentwicklung gebahnt werden. Diese Belastungsgrenze ist u.a. abhängig von biographischen Einflussfaktoren, die im Wesentlichen mit dem Erziehungsstil der Eltern und dem innerfamiliären Beziehungsstil in Verbindung stehen.

Autoritärer, repressiver Erziehungsstil, in dem Grenzen zu eng gesetzt und von Elternseite immer wieder aggressiv durchgesetzt werden, kann durch Vermittlung einer dauerhaften ablehnenden, kalten, ängstigenden Atmosphäre das Selbstwertgefühl eines Kindes untergraben. Manche der betroffenen Kinder passen sich äußerlich scheinbar an, flüchten sich innerlich jedoch mitunter in eine heile Phantasiewelt, um sich von der bedrückenden Realität abzugrenzen. Später übernehmen vielleicht Drogen oder andere Suchtmittel die Funktion, den Zugang zur tröstenden Traumwelt zu vermitteln. Andere Kinder entwickeln durch den aggressiven Erziehungsstil ihrer Eltern vielleicht selbst eine aggressive Verhaltensauffälligkeit (Penthin 2001). Kinder, die gleichgültigen Erziehungsstilen (z.B. laisser-faire) ausgesetzt sind, haben kaum Gelegenheit, Normen zu verinnerlichen. Die Gefahr, in Kontakt mit anderen Menschen auf Ablehnung zu stoßen, da Rücksicht auf die Bedürfnisse des Anderen kaum gelernt wurde, ist groß. Ablehnung kann zu innerer Vereinsamung und Erschütterung des Selbstwertgefühls führen. Die dadurch erlebten unangenehmen Gefühle können anfällig für Drogen machen. Der in diesem Buch vorgestellte, von gegenseitiger Akzeptanz und elterlichem Einfühlungsvermögen geprägte gewaltfreie Erziehungsstil (Gruppensitzungen 1 bis 5) fördert das Selbstwertgefühl der Kinder. Die Kinder lernen, dass ihre Bedürfnisse grundsätzlich akzeptiert werden, sie lernen das Gespräch mit ihren Eltern, als wichtiges Mittel Konflikte zu klären, kennen, sie lernen, dass ihre Gefühle akzeptiert werden, dass Raum für Freude, Traurigkeit, Wut und Ärger da ist. Sie lernen durch Zuwendung und Zärtlichkeit, dass sie gemocht und geliebt werden. Dadurch wird eine innere Sicherheit erlebt und ein Grundvertrauen zu den Eltern aufgebaut. Die Kinder lernen sich als „richtig, so wie sie sind" kennen. Die Gefahr, in Abhängigkeit und Sucht zu geraten, wird dadurch vermindert (Hillenberg 1996, Peschel 1996). Die in den ersten vier Gruppensitzungen vorgestellten innerfamiliären Kommunikations- und Beziehungsstile sind somit gleichzeitig ein wichtiger Schutzfaktor vor späterer Suchtentwicklung.

Das elterliche Vorbild (Lernen am Modell) ist neben ungünstigen Erziehungsstilen und einer kalten Beziehungsgestaltung ein weiterer wesentlicher Risikofaktor. Kinder rauchender Eltern rauchen später häufiger als Kinder nichtrauchender Eltern (Strunk 1994). Daher ist ein Schwerpunkt der neunten Gruppensitzung die Analyse des eigenen elterlichen Suchtverhaltens, denn Nikotin und Alkohol sind in unserer Gesellschaft die eigentlichen Einstiegsdrogen. Kinder mit einem fragilen Selbstwertgefühl, die nie gelernt haben „Nein" zu sagen, sind gefährdet in Gleichaltrigengruppen, in denen sie sich vielleicht erstmalig in ihrem Leben aufgehoben und akzeptiert fühlen (siehe Gruppensitzung 6), in denen aber auch potentielle Suchtstoffe konsumiert werden, ebenso in den Konsum von Suchtmitteln einzusteigen. Aber nicht nur eine stabile Beziehungsfähigkeit, die schon in den ersten Lebensjahren vermittelt wird, ist unter Gesichtspunkten der Suchtprävention von Bedeutung. Auch das ständige elterliche Kommunikationsangebot an schon ältere Kinder im Schulalter und in der Pubertät ist bedeutsam. Das offene und aufklärende Gespräch über Suchtmittel und ihre Gefahren, das elterliche Vorleben von Wertvorstellungen, das Gespräch über das erlebte Alltagsgeschehen in Schule und Peer-Group sowie die Unterstützung positiver Aktivitäten und Hobbies des Kindes (sportliche, künstlerische oder soziale Aktivitäten) sind wichtige Schutzfaktoren (Hasheider 2000).

Beispiel für einen möglichen Ablauf der neunten Gruppensitzung

GL:

Begrüßung, Besprechung der Aufgaben zu Arbeitsblatt 8.

Überleitung zum Thema der Gruppensitzung – **Suchtprävention**.

Sucht und Abhängigkeit ist ein Thema, das viele von uns mit Sorge erfüllt und wovor wir in der Regel unsere Kinder schützen möchten. Der heutige Abend soll helfen, darüber nachzudenken, wie wir unsere Kinder stärken können, NEIN zu Drogen zu sagen. Denken Sie doch bitte kurz darüber nach, welche **Substanzen bzw. Tätigkeiten bei Ihnen Wohlbefinden auslösen** können.

EL:

Nacheinander werden verschiedene Dinge genannt.

EL 1:

Ich **rauche** nicht viel und sehr selten. Aber nach dem Mittagessen brauche ich eine Zigarette.

EL 2:

Wenn wir abends vor dem Fernseher sitzen, trinken wir gerne ein Glas Wein oder Sekt.

EL 3:

Sekt ist ein gutes Stichwort. Zum Bügeln brauche ich immer ein Glas Sekt.

GL:

In ähnlicher Art und Weise werden die jeweiligen Vorlieben besprochen.

Wie würden Sie reagieren, wenn Sie, aus welchen Gründen auch immer, auf diese Vorlieben verzichten müssten?

EL 3:

Ohne Sekt kann ich sicherlich auch das Bügeln erledigen, es bringt nur nicht so viel Spaß und würde mir nicht so locker von der Hand gehen.

GL:

Bügeln bedeutet für Sie eine **unangenehme Situation**, die Sie durch das Glas Sekt **angenehmer machen**?

EL 3:

Ja, genau. Aber deswegen bin ich doch noch nicht alkoholabhängig, oder?

GL:

Wahrscheinlich nicht. Gegen ein Glas Sekt oder Wein hin und wieder ist nichts einzuwenden. Es hängt von den Umständen, der Menge, Häufigkeit und der eigenen körperlichen sowie psychischen Verfassung ab, ob eine problematische Entwicklung zur Sucht ihren Anfang dadurch nimmt. Vielleicht überdenken Sie jedoch ihr Verhalten noch einmal. Sekt zu trinken, um eine unangenehme Alltagstätigkeit zu verrichten, ist nicht unproblematisch.

EL 4:

Wenn die Kinder das dann auch noch mitkriegen, sind die ja auch ganz schön gefährdet.

GL:

Das ist wohl zu bedenken. Unsere **Vorbildfunktion** auch bei potentiellen Suchtmitteln ist nicht zu unterschätzen. **Nikotin und Alkohol** sind die eigentlichen **Einstiegsdrogen** in unserer Gesellschaft.

EL 3:

Jetzt wird mir ganz komisch zumute. Das klingt so, als wenn ich schon eine Alkoholikerin wäre.

GL:

Dann haben Sie uns missverstanden. Wie könnten Sie sich eine **unangenehme Alltagssituation** denn **auf andere Weise erträglicher gestalten**?

EL 3:

Ich werde meinen Mann bitten, mir häufiger beim Bügeln zu helfen.

GL:

Das ist eine sehr gute Idee. Dadurch wird Ihr Mann gleichzeitig zum positiven Modell für Ihre Kinder. Denn Bügeln und andere Haushaltstätigkeiten sollten sich die Partner je nach ihren Möglichkeiten teilen.

EL 4:

Also ich sehe immer fern beim Bügeln, dann ist das Bügeln halb so schlimm.

GL:

Auch das ist eine Möglichkeit, sich eine unangenehme Situation angenehmer zu gestalten. Das ist sicherlich günstiger, als auf potentielle stoffliche Suchtmittel zurückzugreifen. Aber auch **Fernsehen** kann zur **Sucht** werden.

EL 4:

Das stimmt. Aber nach dem Bügeln schalte ich immer ab.

GL:

Ich denke auch, dass es gut ist, wenn man sich dann selbst begrenzt und rechtzeitig abschaltet, bevor man in den Sog des dauerhafte Fernsehens kommt.

EL 5:

Das mache ich aber schon häufiger mal. Abends werden das oft 4 bis 5 Stunden, die ich fernsehe.

Gl:

Das finde ich gut, dass Sie davon berichten. Wie ist das für Sie, wenn der Fernseher der Hauptwegbegleiter Ihrer Freizeit ist?

EL 5:

Also ich habe das schon im Griff. Aber manchmal versacke ich eben vor dem Fernseher. Meine Frau findet das nicht so gut. Aber wir sprechen darüber und wir haben schon gemeinsame Alternativen zum Fernsehen herausgefunden.

GL:

Das ist sehr schön, dass Sie das **Problem** mit Ihrer Frau **besprechen** können. Ganz toll finde ich auch, dass Sie beide Alternativen gesucht haben, häufiger gemeinsam Ihre Freizeit zu gestalten und gemeinsam nach Möglichkeiten suchen, angenehm Ihre freie Zeit miteinander zu verbringen. Aber wenn Sie hier und da mal vor dem Fernseher versacken, grundsätzlich Ihr **Verhalten aber noch gut steuern können**, so ist das noch keine Suchterkrankung.

Es wird Raum für weitere Äußerungen gegeben

Bisher haben wir über **unsere „kleinen Schwächen"** gesprochen. Wir sollten uns bewusst machen, dass unsere „kleinen Schwächen" aber auch Vorbildfunktion für unsere Kinder haben. Was könnte noch zu einer möglichen Suchtgefährdung unserer Kinder beitragen?

EL 1:

Gestern habe ich unseren siebenjährigen Nachbarjungen erwischt, der sich aus einem Zigarettenautomaten eine Schachtel herausgeholt hat. Der kommt kaum an den Geldschlitz heran, aber läuft mit einer brennenden Kippe durch die Gegend. Als ich ihn angesprochen habe, hat er nur frech geantwortet, ich solle mich um meinen eigenen Kram kümmern. Mit den Eltern ist auch nicht zu sprechen. Unsere Kinder sind ja auch diesen „Vorbildern" ausgesetzt.

GL:

Sie sprechen den Einfluss **außerfamiliärer Vorbilder** an. Was können Sie tun, um Ihre Kinder vor den Auswirkungen möglicher „Vorbilder" außerhalb Ihrer Familie zu schützen?

EL 3:

Bei uns würde das bestimmt nicht vorkommen, weil niemand in der Familie raucht. Ich würde mit meinen Kindern diesen Vorfall besprechen und sie auf die Probleme des Rauchens hinweisen.

GL:

Das ist sehr gut. Das **aufklärende Gespräch** kann schon sehr früh mit Kindern geführt werden, sobald Sie das Gefühl haben, dass Ihre Kinder die Inhalte verstehen. Verschiedene Faktoren können das Risiko einer Suchtentstehung beeinflussen: Persönlichkeitseigenschaften, Lebenszufälle, die Beziehung zwischen Eltern und Kindern und natürlich auch Einflüsse der außerfamiliären Umwelt. Was könnte dazu geführt haben, dass dieser siebenjährige Junge an den Zigarettenautomaten gegangen ist, um sich Zigaretten zu holen, die er dann geraucht hat?

Die Faktoren, die das Suchtrisiko beeinflussen, können anhand dieses Beispiels und weiterer Berichte und Erfahrungen, die von den Eltern eingebracht werden, besprochen werden. Es werden **suchtbegünstigende Erziehungsstile** besprochen und erneut die persönlichkeitsstärkenden und somit suchtpräventiven Eigenschaften des im vorliegenden Kurs erarbeiteten Erziehungsstils zusammengefasst. Dieser persönlichkeitsstärkende, **suchtpräventive Erziehungsstil** ist gewaltfrei, von positiver Zuwendung und der Bereitschaft, dem Kind eigene Freiräume und Erlebniswelten zuzugestehen geprägt, aber andererseits auch konsequent grenzsetzend. Wesensmerkmale einer **stabilen Persönlichkeit** wie ein gutes Selbstwertgefühl, die Fähigkeit Gefühle zu artikulieren und zu akzeptieren, Gesprächsbereitschaft, Selbständigkeit, Konfliktfähigkeit, Eigenaktivität können erarbeitet werden. Ebenso können die **gefährdenden Einflüsse aus der außerfamiliären sozialen Umwelt** angesprochen werden.

Damit die Eltern wieder konkrete Erfahrungen mit nach Hause nehmen können, könnte diese Sitzung wieder mit Rollenspielen in Form von Gesprächen im Familienrat ausklingen. Mögliche Themen könnten z.B. sein: Papa raucht (andere Familienmitglieder fühlen sich gestört), Rauchen auf dem Schulhof (Mut, „Nein" zu sagen) etc.

Zum Abschluss wird auf das **Arbeitsblatt 9a und 9b** und die **Aufgaben zu diesen Arbeitsblättern** verwiesen. Verabschiedung.

Zusammenfassung der neunten Gruppensitzung

Suchtprävention

- **Begrüßung**

- Besprechung der **Hausaufgaben** mit kurzer Wiederholung der vorherigen Sitzung *(10 Min.)*

- Thema dieser Sitzung: **Suchtprävention**
  Welche Süchte gibt es?
  Was ist Sucht?
  Besprechung folgender Aspekte:

  - Dinge die angenehmes Gefühl vermitteln

  - zunehmend häufigerer Wunsch nach Befriedigung

  - zunehmende Einschränkung der freien Entscheidung

  - nicht mehr steuerbarer Drang

  Sammeln von Erfahrungen der Eltern: Suchtgefahr im Alltag

- Erarbeitung **begünstigender Faktoren:**

  - unsichere Persönlichkeit

  - Zufallsereignisse (Kontakt zu Drogen)

  - autoritäre oder vernachlässigende Erziehungshaltungen

  - ungünstiges elterliches Suchtvorbild

  - soziales Umfeld (Peer-Group)

  - biologisch determinierte Eigenschaften (z. B. ADHS)

- Thematisierung **schützender Faktoren:**

  - Stabile Persönlichkeit
    a) gutes Selbstwertgefühl
    b) Fähigkeit zum Gespräch und zur Gefühlsartikulation
    c) Konfliktfähigkeit, Selbständigkeit
    d) Fähigkeit zu Eigeninitiative

  - suchtpräventive Erziehungsstile (siehe Gruppensitzung 1 bis 5)
    a) keine Gewalt
    b) positive Zuwendung
    c) Freiräume zugestehen ohne Beziehung zu verlieren (im Gespräch bleiben, gesunde Kontrolle auch hinsichtlich der Peer-Group)
    d) konsequente Grenzsetzung an fairen Regeln orientiert
    e) Unterstützug positiver Aktivitäten und Hobbies (Beginn schon in der Kindergarten- und Grundschulzeit)
    e) elterliches Vorbild

  - rechtzeitige Therapie (verhaltenstherapeutisch und medikamentös) problematischer Entwicklungen (ADHS, Störungen des Sozialverhaltens)

- **Rollenspiele in Form von Gesprächen im Familienrat.** Mögliche Themen könnten z.B. sein: Papa raucht (andere Familienmitglieder fühlen sich gestört), Rauchen auf dem Schulhof (Mut, „Nein" zu sagen) etc.

  - •Hinweis auf **Arbeitsblatt 9a und 9b** und die jeweiligen Arbeitsblätter

Zehnte Gruppensitzung: Zusammenfassung und Abschluss

Ziele

- Forum für Anliegen und Fragen aus der Teilnehmerschaft
- Wiederholung bisher erarbeiteter Strategien
- Thematisierung bisher nicht besprochener Problembereiche
- Abschluss des Kurses mit Verabschiedung

Hintergründe

Die letzte Gruppensitzung kann verschiedene Funktionen übernehmen. Die Gestaltung obliegt den jeweiligen Teilnehmern und Teilnehmerinnen. Es hat sich bewährt, diese Sitzung als Forum für **individuelle Anliegen der Teilnehmerinnen und Teilnehmer** anzubieten. Diese Anliegen sollten sich auf die Beziehungsstrukturen in der Familie und die Erziehungskonzepte beziehen und können mit den bisher kennen gelernten Konzepten und Strategien bearbeitet werden. In dieser Sitzung können auch **bisher nicht angesprochene Themen** aufgegriffen und bearbeitet werden, je nach Wünschen der Eltern (z.B. **Geschwisterrivalität, Trennungskonflikte, pubertäre Ablösungskonflikte, Sexualität vor der Pubertät** (Haeberle 1985), **Schutz vor Missbrauch** (Braecker 1994) etc.). Je nach den Möglichkeiten der jeweiligen Gruppenleitung können diese Themen aufgegriffen werden. Zu den genannten Themen liegen im vorliegenden Manual auch noch Arbeitsblätter vor (**Arbeitsblatt 10a,b,c 15, 16**), die der Gruppenleitung auch als inhaltliche Grundlage dienen können. Grundsätzlich sollte diese letzte Sitzung jedoch weitestgehend frei gestaltet werden, um verbleibende Anliegen der Eltern zu bearbeiten.

Grundsätzlich besteht natürlich die Möglichkeit, einen Elternkurs über mehr als 10 Sitzungen anzubieten. Auch der Einschub von sogenannten „Pufferterminen" im Anschluss z.B. an die Sitzungen 1-5 hat sich bewährt, um mehr Zeit zu haben, die konkreten Probleme der teilnehmenden Eltern zu berücksichtigen.

Beispiel für eine mögliche Gestaltung der zehnten Gruppensitzung

GL:

Heute ist unsere letzte Gruppensitzung. Zunächst möchte ich mit Ihnen die Aufgaben zu Arbeitsblatt 9a und 9b besprechen. Anschließend haben wir die Möglichkeit, die verbleibende Zeit zur Besprechung verschiedener Anliegen der einzelnen Teilnehmerinnen und Teilnehmer zu nutzen. Vielleicht hat die eine oder der andere von Ihnen bestimmte Erlebnisse und Probleme mit den Kindern oder der Familie, die wir hier gemeinsam besprechen können und für die wir gemeinsam, vielleicht mit den bisher erarbeiteten Strategien, Lösungen finden können.

EL:

Anliegen der Eltern werden gesammelt und nach Besprechung der Aufgaben zu Arbeitsblatt 9a und b gemeinsam besprochen.

GL:

Gegen Ende der Gruppensitzung

Nun müssen wir leider zum Ende kommen. Ich bin schon etwas traurig, denn in der langen Zeit haben wir uns ganz gut kennen gelernt und mir hat es wirklich Freude gemacht, mit Ihnen zusammenzuarbeiten. Ich hoffe, dass Sie aus dem Kurs etwas Positives für Sie und Ihre Familie mitnehmen konnten. Vielleicht wurde aber auch noch weiterer Gesprächsbedarf bei Ihnen geweckt. Dann sprechen Sie mich ruhig bezüglich weiterer Angebote an. Ich wünsche Ihnen alles Gute. Tschüss.

Literatur

Aust-Claus, E., Hammer, P. (1999): Das ADS-Buch. Ratingen: Oberstebrink Verlag

Bachheibl, P. (1996): Die Pubertät. Gräfeling: Care Line Verlag

Baving, L. (2002): Kinder mit Sozialisationsstörungen. Psycho. 28, 85-99

Blanz, B. (2001): Hyperkinetische Störung, ADHD, Hyperaktivität. Kinderärztliche Praxis. Sonderheft „Unaufmerksam und hyperaktiv", 5-8

Bor, W., Sanders, M.R. Markie-Dadds, C. (2002): Effects of Triple P in preschool children with co-occuring disruptive behavior and ADHD. Journal of abnormal child psychology. 30, 571-587

Braecker, S., Wirtz-Weinreich, W. (1994): Sexueller Missbrauch an Jungen und Mädchen. Weinheim: Beltz-Verlag

Braumandl, H., Jansen, G. u.a. (1976): Der Elternführerschein. Ein Kurs zur Erziehung des Kleinkindes. Das Buch zur Fernsehserie. München: Goldmann Verlag

Bründel, H., Hurrelmann, K. (1997): Gewalt macht Schule. München: Knaur

Bundeszentrale für gesundheitliche Aufklärung (1997): Nicht nur laufen lassen. Kinder, Fernsehen und Computer. Köln: KVD

Burnham, J.B. (1995): Systemische Familienberatung. Weinheim: Beltz Verlag

Corwin, D. (2000): Die Auszeit-Methode. Berlin: Urania Ravensburger Verlag

Dinkmeyer, D. (Sr.), Dinkmeyer, D. (Jr.), McKay, G.D. (2001): STEP-Elternhandbuch Grundkurs. München: Beust-Verlag

Döpfner, M.(1997): Therapieprogramm für Kinder mit hyperkinetischem und oppositionellem Problemverhalten. Weinheim: Psychologie Verlagsunion

Döpfner, M., Lehmkuhl, G. (2000): Diagnostik-System für psychische Störungen im Kindes- und Jugendalter nach ICD 10 und DSM IV. Göttingen: Verlag Hans Huber

Dornes, M. (1994): Der kompetente Säugling. Frankfurt a.M.: Fischer Taschenbuchverlag

Dornes, M. (1999): Die frühe Kindheit. Frankfurt a.M.: Fischer Taschenbuchverlag

Dosick, W. (1998): Kinder brauchen Werte. München: Knaur

Dreikurs, R., Soltz, V. (1966): Kinder fordern uns heraus. Stuttgart: Klett-Cotta

Dreikurs, R., Gould, S. (1985): Familienrat. München: dtv

Edelmann, W. (1996): Lernpsychologie. Weinheim: Psychologie Verlagsunion

Esser, G., Weinel, H. (1990): Vernachlässigende und ablehnende Mütter in Interaktion mit ihren Kindern. In : Martinius, J., Frank, R. (Hrsg.): Vernachlässigung, Missbrauch und Misshandlung von Kindern. Bern: Verlag Hans Huber

Feibel, T. (erscheint jährlich neu): Kinder-Software-Ratgeber. München: Markt und Technik

Gordon, T. (1999): Die neue Familienkonferenz. München: Heyne Verlag

Haeberle, E.J. (1985): Die Sexualität des Menschen. Berlin: De Gruyter Verlag

Hasheider, W., Wilms, E., Wilms, H., Hurrelmann, K. (2000): Jahre der Überraschungen. Erwachsen werden – Persönlichkeitsentfaltung von Jugendlichen. Elternheft. Lions Quest Deutschland

Hillenberg, L., Fries, B. (1996): Starke Kinder – zu stark für Drogen. Handbuch zur praktischen Suchtvorbeugung. Wetzikon: Spiel Werkstatt Verlag

Huang, H.L. et al. (2003): Behavioral parent training for Taiwanese parents of children with ADHD. Psychiatry and clinical neurosciences. 57, 275-281

deJong-Meyer, R. (2000): Kognitive Verfahren nach Beck und Ellis. In: Margraf, J. (Hrsg.): Lehrbuch der Verhaltenstherapie, Bd. 1. Berlin: Springer Verlag

Kaiser, A., Hahlweg, K. (2000): Kommunikations- und Problemlösetraining. In: Margraf, J. (Hrsg.): Lehrbuch der Verhaltenstherapie, Bd. 1. Berlin: Springer Verlag

Kast-Zahn, A. (1995): Jedes Kind kann Schlafen lernen. Ratingen: Oberstebrink Verlag

Kast-Zahn, A. (1997): Jedes Kind kann Regeln lernen. Ratingen: Oberstebrink Verlag

Kast-Zahn, A., Morgenroth, H. (1999): Jedes Kind kann richtig essen. Ratingen: Oberstebrink Verlag

Kazdin, A.E. (2000): Treatments for aggressive and antisocial children. Child and adolescent psychiatric clinics of North America. 9, 841-858

Krause, K. H., Dresel, S., Krause, J. (2000): Neurobiologie der Aufmerksamkeitsdefizit-/ Hyperaktivitätsstörung. Psycho. 26, 199-208

Kreis Nordfriesland (2000): Elternschule: Elternsein lernen.

Kreis Plön (2002): Elternkurse Eltern stützen – Kinder stärken.

Kuschel, A., Miller, Y. et al. (2000): Prävention von oppositionellen und aggressiven Verhaltensstörungen bei Kindern: Triple P. Kindheit und Entwicklung. 9 (1), 20-29

Laucht, M., Esser, G., Schmidt, M. (2000): Externalisierende und internalisierende Störungen in der Kindheit: Untersuchungen zur Entwicklungspsychopathologie. Zeitschrift für Klinische Psychologie und Psychotherapie. 29, 284-292

Lauth, G. W., Schlottke, P. F. (1997): Training mit aufmerksamkeitsgestörten Kindern. Weinheim: Psychologie Verlagsunion.

Limmer, C. , Heidenreich, H.(1999): Elternschaft lernen. Kiel: AKJS

Lorinser, B. (2000): So helfe ich unserem Kind durch die Scheidung. Berlin: Urania Ravensburger Verlag

Lühning, E., Ringeisen-Tannhof, P. (2003): Erziehungskurse für Eltern. Weinheim: Beltz-Verlag

Maercker, A. (2000): Operante Verfahren. In: Margraf, J. (Hrsg.): Lehrbuch der Verhaltenstherapie, Bd. 1. Berlin: Springer Verlag

Meyer, A. (2002): Anleitung zum Rollenspiel. Elternkurse Kreis Plön

Mikat, C. , Rehse, C. (1998): Medienerziehung im Kindesalter. Gräfeling: Care Line Verlag

Mogel, H. (1994): Psychologie des Kinderspiels. Berlin, Heidelberg, New York: Springer Verlag

Moll, G. H., Rothenberger, A. (2001): Neurobiologische Grundlagen. Ein pathophysiologisches Erklärungsmodell der ADHD. Kinderärztliche Praxis. Sonderheft „Unaufmerksam und hyperaktiv", 9-14

Morris, D. (1992): Babywatching. München: Wilhelm Heine Verlag

Nees-Delaval, B. (1994): Wir werden Eltern. Niederhausen: Falken Verlag

Oerter, R., Montada, L. (1987): Entwicklungspsychologie. Weinheim: Psychologie Verlags Union

Olweus, D. (1996): Gewalt in der Schule. Bern: Verlag Hans Huber

Pallasch, W. (1995): Pädagogisches Gesprächstraining. Weinheim, München: Juventa Verlag

Patterson, G.R., DeBaryshe, B.D., Ramsey, E. (1989): A developmental perspective on anti-social behavior. American Pychologist. 44, 329-344

Penthin, R. (1998): Plädoyer für eine flächendeckende „Erziehungs- und Beziehungsschu-lung" für Eltern. Der Kinderarzt. 29, 1089-1090

Penthin, R. (2001): Warum ist mein Kind so aggressiv? Berlin: Urania Ravensburger Verlag

Penthin, R. (2000): Elternschulung für Jedermann. 20.9.2000. Schleswig-Holsteinische Lan-deszeitung

Penthin, R., Schrader, C., Mildebrandt, N. (2004): Triple P – Elterntraining bei ADHS. Zeit-schrift für Heilpädagogik, im Druck

Peschel, A. (1998): Suchtprävention. Gräfeling: Care Line Verlag

Petermann, F., Petermann, U. (1994): Training mit aggressiven Kindern. Weinheim: Psycho-logie Verlagsunion

Petermann, F., Jugert, G., Tänzer, U., Verbeek, D. (1997): Sozialtraining in der Schule. Weinheim: Psychologie Verlags Union

Prekop, J (1988): Der kleine Tyrann. München: Kösel Verlag

Prekop, J. (1989): Hättest du mich festgehalten. München: Kösel Verlag

Reichle, B. (1999): Wir werden Familie. Ein Kurs zur Vorbereitung auf die erste Elternschaft. Weinheim: Juventa Verlag

Rogge, J.-U. (1998): Pubertät – Loslassen und Haltgeben. Reinbek: Rowohlt Verlag

Rogge, J.-U. (1999): Kinder können Fernsehen. Reinbek: Rowohlt Verlag

Sanders, M. (1999): The Triple-P-Positive Parenting Program. Child and Family Psychology Review. 2, 71-90

Sanders, M., Markie-Dadds, C., Turner, K., Hahlweg, K. (2000): Positive Erziehung. Müns-ter: Verlag für Psychotherapie

Sann, A., Thrum, K. (Hrsg.) (2003): Eine Kultur des Aufwachsens – Potentiale und Grenzen von Opstapje. München: Deutsches Jugendinstitut

Schenk-Danzinger, L. (1993): Entwicklung, Sozialisation, Erziehung. Von der Geburt bis zur Schulfähigkeit. Stuttgart: Klett-Cotta

Schenk-Danzinger, L. (1998): Entwicklung, Sozialisation, Erziehung. Schul- und Jugendalter. Stuttgart: Klett-Cotta

Spallek, R. (1994): Mama, magst du mich ?. Bergatreute: Eppe Verlag

Skrodzki, K. (2001): ADHD aus Sicht des Kinder- und Jugendarztes. Kinderärztliche Praxis. Sonderheft „Unaufmerksam und hyperaktiv", 43-47

Stern, D. (1993): Tagebuch eines Babies. München: Piper

Stier, B.(1999): Media Matters. Kinder- und Jugendarzt. 30, 256-259

Strunk, P. (1994): Gewöhnung und Abhängigkeiten. In: Eggers, C., Lempp, R., Nissen, G., Strunk, P. (Hrsg.): Kinder- und Jugendpsychiatrie. Berlin, Heidelberg, New York: Springer Verlag

Thiesen, P. (1987): Arbeitsbuch Spiel. München: bv Verlag

Tausch, R., Tausch, A.-M. (1990): Gesprächspsychotherapie. Göttingen: Hogrefe Verlag

Thyen, U., Kirchhofer, F., Wattam, C. (2000): Gewalterfahrung in der Kindheit – Risiken und gesundheitliche Folgen. Gesundheitswesen. 62, 311-319

Weindrich, D., Löffler, W. (1990): Auswirkungen von Frühformen der Kindesmisshandlung auf die kindliche Entwicklung vom 3. zum 24. Lebensmonat. In: Martinius, J., Frank, R. (Hrsg.): Vernachlässigung, Missbrauch und Misshandlung von Kindern. Bern: Verlag Hans Huber

Wender, P. H. (2000): Die Aufmerksamkeitsdefizit- /Aktivitätsstörung (ADHD) im Erwachsenenalter. Psycho. 26, 190-198

Zeltner, E. (1996): Kinder schlagen zurück. München: dtv

Teil III:
Arbeitsblätter

Aspekte positiver Kommunikation im Gespräch

- Ich-Botschaft (*eigene* Gefühle, *eigene* Ansichten mitteilen)

- Ruhiges Zuhören, Nachfragen, mit eigenen Worten das Gehörte nochmals zusammenfassen

- Keine beleidigenden Äußerungen, Meiden von Vorwürfen, möglichst ruhige Sprache

- Gespräch über konkrete Situationen, möglichst keine Verallgemeinerungen

- Gespräch über aktuelle Situationen, möglichst keine uralten Konflikte ausgraben

- Eigene Bedürfnisse und Bedürfnisse des anderen thematisieren

Möglichkeiten zur Entwicklung einer guten Eltern-Kind-Beziehung

1. Lob von erwünschtem Verhalten

- Ich-Botschaft (Beschreiben Sie Ihre Gefühle und Gedanken)

- Genaue Beschreibung des zu lobenden Verhaltens

- Echtheit (Überprüfen Sie, ob Sie Ihre geplante Äußerung wirklich ernst meinen, denn diese sollte ehrlich sein)

2. Tägliche Gespräche mit Ihrem Kind

- Hören Sie Ihrem Kind zu, wann immer es kommt, beantworten Sie aufrichtig seine Fragen. Diese kurzen Kontaktbedürfnisse (oft noch nicht einmal von einer Minute Dauer) Ihres Kindes sind normal, auch wenn sie 20 oder 30 mal am Tag geäußert werden. Das Eingehen auf diese spontanen Kontaktbedürfnisse ohne das Kind ständig zu vertrösten ist wichtiger als stundenlange gemeinsame Spiele, zu denen Sie vielleicht gar keine Lust haben.

- Bieten Sie täglich längere Gespräche (5-15 Min.) an, in denen Sie auch von sich berichten, was Sie erlebt haben, wie es Ihnen geht und in denen über dieses Vorbild auch Ihr Kind angeregt wird zu berichten.

- Sagen Sie ehrlich Ihre Meinung, aber vermeiden Sie Vorwürfe. Versuchen Sie, die Meinung des Kindes zu respektieren.

3. Aufmerksamkeit schenken und Zuneigung zeigen

- Mehrmals täglich positive körperliche Zuneigung (in den Arm nehmen, Kuscheln, freundliches Raufen oder Balgen).

- Schenken Sie positive Beachtung zwischendurch mittels Lächeln, Zuzwinkern, freundlicher Berührung am Arm etc. in positiven Situationen.

- Tägliche Zuwendungszeit mit Gespräch, gemeinsamem Spiel oder einfach gemeinsamer Zärtlichkeit: Kind darf bestimmen, Sie machen mit.

4. Zeigen Sie Ihrem Kind Interesse an seinem Tagesablauf

- Sorgen Sie dafür, dass Sie wissen, wo Ihr Kind ist, was es macht und mit wem es spielt.

- Üben Sie eine gesunde Kontrolle aus. Lassen Sie Ihrem Kind jedoch genügend Freiräume, in denen es eigene Erfahrungen machen kann.

5. Entschärfen Sie mögliche Konfliktsituationen durch weitestgehende Akzeptanz Ihrer eigenen Bedürfnisse und der Bedürfnisse Ihres Kindes

- Gestalten Sie Ihre Wohnung und das Wohnumfeld kindersicher.

- Lassen Sie Ihrem Kind viel Erkundungs- und Bewegungsspielraum.

- Ermutigen Sie Ihr Kind, auszuprobieren und eigene Erfahrungen zu machen.

- Gestehen Sie sich auch Ihre eigenen Bedürfnisse nach Ruhe und Entspannung zu.

Aufgaben zu den Arbeitsblättern 1a und 1b

Formulieren Sie Ihre persönlichen Bedürfnisse, die für Sie wichtig sind.

....

....

....

Welche positiven Maßnahmen möchten Sie im Umgang mit Ihrem Kind
gezielt ausprobieren?

1. .... von .... bis ....

Wie ist Ihnen das gelungen?

....

....

Was haben Sie bei sich und Ihrem Kind beobachten können?

....

....

....

2. .... von .... bis ....

Wie ist Ihnen das gelungen?

....

....

Was haben Sie bei sich und Ihrem Kind beobachten können?

....

....

....

Versuchen Sie im Gespräch miteinander auf Aspekte positiver Kommunikation
zu achten (Arbeitsblatt 1a).

Ist Ihnen dieses gelungen?

....

....

....

Regeln für das Zusammenleben

- fair

- gut einzuhalten

- nicht zu viele

- gelten für alle Familienmitglieder

- positiv formuliert

- im Familienrat formuliert

Familienrat

- Grundregeln (tagt z.B. einmal wöchentlich, oder zusätzlich bei von einem Familienmitglied empfundenen Bedarf oder nur bei Bedarf):

- Gleichberechtigung der Familienmitglieder

- Kinder altersangemessen beteiligen

- Es spricht immer nur einer (reihum, die anderen hören zu)

- Ruhige Sprache, keine Beschimpfungen, keine Handgreiflichkeiten, kein beleidigter Rückzug!

- Entscheidungen wenn möglich im Konsens treffen

- Jeder darf Kritik äußern, aber sachlich, alles darf gesagt werden

- Entscheidungen schriftlich festhalten und von allen wie bei einem Vertrag unterschreiben lassen

Erziehungsziele

Diese können für jede Familie je nach Weltanschauung und biografischem Hintergrund der Familienmitglieder unterschiedlich sein. Es ist nicht möglich, allgemeinverbindliche Erziehungsziele zu formulieren. Als Arbeitsgrundlage könnten sich Erziehungsziele vielleicht an klassischen zwischenmenschlichen Werten (Ehrlichkeit, Fairness, Verantwortungsbewusstsein, Mitgefühl, Friedfertigkeit, Dankbarkeit, Hilfsbereitschaft etc.) und an folgenden Überlegungen orientieren:

- Kinder sollten lernen, sich nicht selbst zu gefährden.

- Kinder sollten lernen, dass andere Menschen weder körperlich noch seelisch verletzt werden dürfen.

- Kinder sollten lernen, Tiere, Sachgegenstände und das Lebensumfeld zu schonen.

Aufgaben zu Arbeitsblatt 2

Was läuft gut zu Hause?

....

....

....

....

Was muss verbessert werden?

....

....

....

....

Wie könnten Erziehungsziele aussehen?

....

....

....

....

Formulieren Sie wichtige Regeln für das Zusammenleben (fair, gut einzuhalten, gelten für alle, positiv formuliert), wenn möglich im Familienrat:

1. ....

2. ....

3. ....

Wie könnte ein Familienrat bei Ihnen aussehen. Welche Alternativen zum Familienrat könnten in Ihrer Familie besser realisiert werden?

....

....

....

Welche Sprüche und Redewendungen kennen Sie aus Ihrer eigenen Kindheit, welche die Erziehungshaltung Ihrer Eltern widerspiegeln?

....

....

Möglichkeiten zur Stärkung der positiven Seiten des Kindes

1. Seien Sie Vorbild!

- Das, was Ihr Kind nicht tun soll, dürfen Sie Ihm nicht vorleben (wenn Ihr Kind nicht rauchen soll, sollten Sie dies auch nicht tun; wenn Ihr Kind unter Übergewicht leidet, sollten Sie mit ihm zusammen ein anderes Essverhalten leben; wenn Ihr Kind nicht fluchen, schreien oder schlagen soll, dann dürfen Sie dies auch nicht tun, etc.).

- Leben Sie Ihrem Kind vor, was es tun soll (wenn Ihr Kind ehrlich sein soll, dann seien auch Sie ihm gegenüber ehrlich; wenn Ihr Kind Ordnung halten soll, dann halten auch Sie Ordnung, etc.).

2. Begleitendes Lernen

- Wenn Ihr Kind eine neue Fertigkeit lernen soll, so fragen Sie Ihr Kind zunächst nach eigenen Lösungsideen, wenn es keine Idee hat, so schlagen Sie Ihm einen Lösungsweg vor und machen es dann gemeinsam.

- Wenn Ihr Kind von sich aus Fragen stellt, ermutigen Sie es, selbst nach einer Antwort zu suchen und geben Sie ihm darüber hinaus noch weitere Informationen zu diesem Thema.

3. Führen Sie Punktepläne ein

- Besprechen Sie mit Ihrem Kind das zu lernende erwünschte Verhalten möglichst genau und klar.

- Besprechen Sie mit ihm die Belohnung für das gewünschte Verhalten (in Form eines Stempels auf einer extra dafür angefertigten Karte oder eines Aufklebers für diese Karte).

- Besprechen Sie miteinander nach welcher Anzahl von Stempeln oder Stickern diese gegen eine „richtige Belohnung" eingetauscht werden können (z.B. gemeinsames Eisessen, gemeinsames Gesellschaftsspiel etc., möglichst keine teuren materiellen Belohnungen).

- Loben Sie Ihr Kind zusätzlich für jedes gezeigte erwünschte Verhalten.

- Schleichen Sie allmählich die Belohnung mit Punkten aus, behalten aber das Lob auf jeden Fall bei.

Aufgaben zu Arbeitsblatt 3

Versuchen Sie ein erwünschtes Verhalten bei Ihrem Kind aufzubauen durch
schrittweises Hinführen mittels geeigneter Fragen, die das Kind, wenn nötig mit
Ihrer Hilfe, beantworten kann.

Welches Verhalten haben Sie ausgewählt?

....von .... bis.................

Wie ist Ihnen das gelungen?

....

....

....

....

Was haben Sie bei sich und Ihrem Kind beobachten können?

....

....

....

....

Versuchen Sie einen Punkteplan einzuführen.
Für welche Situation haben Sie dieses Mittel gewählt?

....von .... bis.................

Wie ist Ihnen das gelungen?

....

....

....

....

Was haben Sie bei sich und Ihrem Kind beobachten können?

....

....

....

....

Positives Verhalten des Kindes

a) Welches Verhalten Ihres Kindes finden Sie gut und zufriedenstellend?

....

....

....

....

....

....

....

....

b) Worüber freuen Sie sich bei Ihrem Kind?

....

....

....

....

....

....

....

....

c) Welches Verhalten Ihres Kindes möchten Sie fördern?

....

....

....

....

....

....

....

....

Beschreibung und Beobachtung
von Problemverhalten beim Kind (modifiziert nach Döpfner 1997)

Wie häufig?
0 = nie, 1 = einmal, 2 = 2-3 mal, 3 = täglich, 4 = mehrmals täglich, 5 = immer
Wie belastend war das Problem für Sie?
0 =kein Problem - 1- 2- 3- 4- 5- 6- 7- 8 = schlimmer geht es nicht

Problemverhalten: Datum: von .... bis ....

1. ....Wie häufig?   1   2   3   4   5
....Wie belastend?   0   1   2   3   4   5   6   7   8
Was geht dem Problem meistens voraus?...
Wie reagieren Sie? ....

2. ....Wie häufig?   1   2   3   4   5
....Wie belastend?   0   1   2   3   4   5   6   7   8
Was geht dem Problem meistens voraus?...
Wie reagieren Sie? ....

3. ....Wie häufig?   1   2   3   4   5
....Wie belastend?   0   1   2   3   4   5   6   7   8
Was geht dem Problem meistens voraus?...
Wie reagieren Sie? ....

4. ....Wie häufig?   1   2   3   4   5
....Wie belastend?   0   1   2   3   4   5   6   7   8
Was geht dem Problem meistens voraus?...
Wie reagieren Sie? ....

Weitere Bemerkungen

....
....
....
....
....
....

Bitte kopieren Sie das Blatt für jede Woche, die Sie das Problemverhalten
Ihres Kindes dokumentieren möchten, einmal.

Problemverhalten des Kindes

Protokollbogen für mehrmals täglich auftretendes Problemverhalten

Art des Verhaltens:..

Auftreten	Mo	Di	Mi	Do	Fr	Sa	So
Uhrzeit							

Protokollbogen für mehrmals täglich auftretendes Problemverhalten

Art des Verhaltens:..

Auftreten	Mo	Di	Mi	Do	Fr	Sa	So
Uhrzeit							

Protokollbogen für mehrmals täglich auftretendes Problemverhalten

Art des Verhaltens:..

Auftreten	Mo	Di	Mi	Do	Fr	Sa	So
Uhrzeit							

Kopieren Sie sich den Bogen für jedes Verhaltensproblem, das Sie protokollieren möchten und zusätzlich für jede Woche, die Sie protokollieren möchten.

.

Möglichkeiten für den Umgang mit Problemverhalten

1. Stellen Sie Regeln für das Zusammenleben auf

- nicht zu viele

- fair

- gut einzuhalten

- Sie müssen bereit sein, das Einhalten dieser Regeln konsequent einzufordern

- alle Familienmitglieder sollen sich daran halten

- alle Familienmitglieder müssen die Regel und die Begründung dafür kennen

2. Sprechen Sie bei Regelübertritt „Klare Botschaften"

- Sagen Sie, welche Regel verletzt wurde.

- Geben Sie eine klare Anweisung, was Ihr Kind tun soll (als Ich-Botschaft).

- Aufforderungen in Frageform sind ungünstig.

- ruhige aber bestimmte Sprache

- evtl. Kontakt auf mehreren Ebenen (klare Worte, Blickkontakt, Hand auf die Schulter legen)

3. Konsequenz

a) Loben Sie Ihr Kind, wenn es gehorcht.

b) Lassen Sie logische Konsequenzen folgen, wenn Ihr Kind nicht innerhalb von 5 Sekunden reagiert.

c) Stehen keine logischen Konsequenzen zur Verfügung, oder ist das Problemverhalten massiv (aggressiv, oppositionell) so wenden Sie die Auszeit (Sonderform einer logischen Konsequenz) an.

Hinweise zu logischen Konsequenzen

- Die Konsequenz muss mit der Problemsituation in inhaltlichem Zusammenhang stehen, muss nachvollziehbar sein (z.B. Wiedergutmachung oder Wegnahme eines problematischen Gegenstandes etc.).

- Sie sollte unmittelbar auf das Problem folgen.

- Vorher nicht mit der Konsequenz drohen, sondern diese einfach mit einem kurzen begleitenden Satz eintreten lassen.

- Ruhige aber bestimmte Sprache.

- Besondere Formen von Konsequenzen
  a.) **konsequentes Ignorieren** (Abwenden, kein Blickkontakt, nicht mit dem Kind sprechen) ist hilfreich bei provozierenden, milden problematischen Verhaltensweisen (z.B. Schimpfwortgebrauch). Ignorieren so lange durchhalten, bis das Kind die Provokation eingestellt hat (Dauer meist nur 1-2 Minuten). Im unmittelbaren Anschluss sollte das provokante Verhalten nicht wieder angesprochen werden.
  b.) **paradoxe Intervention** (d.h. die Eltern verhalten sich für das Kind völlig unerwartet), Achtung: Gefahr der Ironie (Ironie sollte bei jüngeren Kindern vermieden werden)

Hinweise zur Auszeit:

- Vor Einführung der Auszeit sollte diese dem Kind in einem ruhigen Augenblick erklärt werden!!

- Sie sollte unmittelbar auf das Problem folgen.

- Nicht mit Auszeit drohen.

- Mit einem kurzen Satz in ruhiger aber bestimmter Sprache eintreten lassen.

- Der Auszeitraum muss hell sein und darf nicht ängstigend sein.

- Die Auszeit darf erst beendet werden, wenn das Kind selbst zur Ruhe gefunden hat und je nach Alter im Anschluss daran 2 bis 5 Minuten ruhig geblieben ist.

- Wenn das Kind den Auszeitraum vorzeitig verlässt, bringen sie es dorthin zurück, die Auszeit beginnt dann von vorne.

- Gegebenenfalls muss die Tür zugehalten werden, ohne mit dem Kind durch die geschlossene Tür hindurch zu diskutieren (nie Diskussionen im Streit) oder auch abgeschlossen werden, um die Gefahr eines Machtkampfes zu vermeiden (natürlich nur, wenn das Kind vorher über die „Spielregeln" der Auszeit informiert wurde!).

- Gegebenenfalls können auch Sie als Eltern in die Auszeit gehen, vor allem bei älteren Kindern, wenn nur auf diese Art eine Beruhigung der Konfliktsituation zu erreichen ist.

- In der Auszeit darf Ihr Kind wütend und zornig sein, es darf herumtoben, die Gefühle dürfen nicht unterdrückt werden, aber es darf die Auszeit erst verlassen, wenn es selbst zur Ruhe gefunden hat.

- Richtet das Kind im Auszeitraum Schaden an, so muss es an der Wiedergutmachung beteiligt werden.

- Nach der Auszeit sollten Sie Ihr Kind in einer freundlichen Atmosphäre empfangen, sie können es dafür loben, allein zur Ruhe gekommen zu sein, den Konfliktvorfall sollten Sie, wenn überhaupt, aber erst mit einigem zeitlichen Abstand ansprechen. Meist ist dieses gar nicht nötig, da Ihr Kind ja genau weiß, um welches Problem es ging und wie die Regel heißt.

Die besondere Situation: „Trotzanfälle"

- wütende „Trotzanfälle" von Kleinkindern sind oft Ausdruck von Frustration und Hilflosigkeit

- nachdem Eltern ein „Nein" oder eine „klare Botschaft" ausgesprochen haben, kann es hilfreich sein, dem Kind in seiner Not beizustehen, das Kind im Arm zu halten und sein Wut und Traurigkeit im Arm gehalten „ausweinen" zu lassen (ohne jedoch inkonsequent zu werden!) und das Kind davor zu schützen, sich in seiner Wut selbst zu verletzen

Aufgaben zu den Arbeitsblättern 4a/4b/4c

Zu Arbeitsblatt 4a:

Formulieren Sie klare Botschaften für Ihre Regeln des Zusammenlebens.

1. ....

....

2. ....

....

3. ....

....

zu Arbeitsblatt 4a:

Formulieren Sie gezieltes Lob für Ihr Kind, wenn es auf Ihre Anweisungen reagiert.

1. ....

....

2. ....

....

3. ....

....

Zu Arbeitsblatt 4b:

Überlegen Sie sich mögliche logische Konsequenzen bei Verletzung einer Regel (Bezug auf Arbeitsblatt 2).

1. ....

....

2. ....

....

3. ....

....

Problematische Routinesituationen im Alltag (Beispiele)

Morgendliches Aufstehen

- Überdenken des elterlichen Zuwendungsverhaltens in ruhigen Alltagssituationen
- Vorbeugung: Änderungen des Schlafverhaltens der Eltern und der Kinder
- logische Konsequenzen spüren lassen (z.B. Kind kommt zu spät zu Schule)
- Einführen von Punktekarten zum Aufbau eines familienadäquaten Verhaltens

Gemeinsames Einkaufen

- Vorbeugen (je nach Alter): Kind hat im Einkaufswagen etwas zu Essen oder zu Spielen
- klare Botschaft: Eltern bleiben gelassen, erklären dem Kind einmal mit ruhiger Stimme, was sie erwarten und setzen ihren Einkauf in ruhiger Gelassenheit mit schreiendem oder jammerndem Kind fort
- logische Konsequenz: z.B. Eltern verlassen mit jammerndem Kind den Laden

Gemeinsame Mahlzeiten

- Vorbeugen: Kind darf entscheiden ob und wie viel es essen will, Eltern legen Zeiten fest und entscheiden idealerweise *mit* dem Kind über die Art der Nahrung
- logische Konsequenz: bei inakzeptablem Verhalten (z.B. Vierjähriger wirft mutwillig Essen auf den Boden) während der Mahlzeit erfolgt z.B. der Ausschluss von der gemeinsamen Mahlzeit, anschließend z.B. Wiedergutmachung

Abendliches Zubettgehen

- Vorbeugung: Ritual des Zubettgehens: Kinder erhalten ruhige Aufmerksamkeit vor dem Schlafengehen (Geschichte vorlesen oder erzählen, über den Tag sprechen o.ä.), Kinder erhalten durch immer wiederkehrendes Ritual mehr Sicherheitsgefühle
- Kompromisse: Tür offen lassen, kleine Beleuchtung anlassen – Festlegen der Uhrzeit zu der Kinder im Schlafzimmer sein müssen, ob die Kinder im Zimmer jedoch schlafen oder erst noch etwas spielen oder lesen bleibt ihnen selbst überlassen (jeder Mensch hat einen eigenen Biorhythmus, nicht jedes Kind hat das wirkliche Bedürfnis z.B. um 19 Uhr zu schlafen)

Aufgaben zu Arbeitsblatt 5

Welche problematischen Routinesituationen kennen Sie
in Ihrem Familienalltag?

....

....

....

....

....

....

Welche Ursachen könnten dahinter stecken?

....

....

....

....

....

....

....

Welche Lösungsmöglichkeiten wären für Sie akzeptabel?

....

....

....

....

....

....

....

Aufmerksamkeits-Defizit-Syndrom (ADS/ADHS)

Ursachen eines Aufmerksamkeits-Defizit-Syndroms
- erbliche Faktoren
- Veranlagung
- möglicherweise kleine Störungen des Gehirns (durch Probleme in Schwangerschaft und bei der Geburt)

Folgen: Störung im Stoffwechselzusammenspiel bestimmter Nervenzellen im Gehirn (z.B. dopaminerge Neurone in verschiedenen Hirngebieten) führt zu:
- Problemen mit dem Reizaufnahmefilter
- Problemen mit der Weiterverarbeitung aufgenommener Reize im Gehirn
- Problemen mit der Wahrnehmung und Verarbeitung von Gehörtem, Gesehenem und vom Körper Gespürtem
- Problemen in der Voraussicht von Folgen und in der Planung von Handlungen
- Probleme in der Kontrolle von Bewegungen und Impulsen

Verstärkung der Probleme durch ungünstiges Lebensumfeld
- Psychische Probleme der Eltern (Depression, Alkohol- oder Drogensucht)
- Beeinträchtigung des elterlichen Lebensgefühls durch allgemeine Lebenssorgen (Armut, Arbeitslosigkeit, beengte Wohnsituation)
- Beeinträchtigung des elterlichen Lebensgefühls durch zwischen-menschliche Probleme in der Familie (Partnerprobleme, Sprachlosigkeit in der Familie, Belastung durch die Verhaltensprobleme des Kindes, aggressive Kommunikationsstile)

Ungünstigen Reaktionen der Eltern auf problemat. Verhalten der Kinder
- *aggressive Reaktionen* (Schreien, beleidigendes Beschimpfen, Schlagen, ständige genervte Reaktionen mit Ablehnung, Ironie und Liebesentzug): Folge: schlechtes Vorbild, welches die Kinder imitieren, Kinder fühlen sich nicht geliebt mit Beeinträchtigung des Selbstwertgefühls
- *vernachlässigende Reaktionen*, weil Eltern alles zuviel ist, weil sie aufgeben und das Gefühl haben, das alles nichts helfe (lassen alles durchgehen, kümmern sich nicht um kindliche Bedürfnisse, üben keine gesunde Kontrolle aus)
- *inkonsequente Reaktionen* (Eltern drohen ohne Konsequenz, warten zu lange mit einer Reaktion auf Problemverhalten des Kindes, geben auf unak-zeptables Verhalten des Kindes nach, belustigen sich über unakzeptables Verhalten des Kindes)

Hilfen für Kinder mit Verhaltensproblemen und ADHS

1. Strukturierung des Tagesablaufes

- Gleichmäßiger Ablauf bei täglichen Routinen (Aufstehen, Waschen, Anziehen, Frühstücken, Mittagessen, Hausaufgaben, Zubettgehen).
- Änderungen von Routinen rechtzeitig bekannt geben, damit sich das Kind darauf einstellen kann.
- Routinesituationen vorbereiten: z.B. abendliches Vorbereiten des Frühstücks, abendliches Bereitstellen des Schulranzens, Arbeitsplatz für Hausaufgaben übersichtlich u. ohne störende Gegenstände gestalten.
- Mögliche Problemsituationen durch Vorausplanen entschärfen: z.B. bei langweiligen evtl. mit Wartezeiten verbundenen Tätigkeiten wie lange Autofahrt, Essen im Restaurant etc. von vorneherein Ablenkung und Beschäftigung einplanen.

2. Zusätzliche Hilfen

- Möglichst nur eine Anweisung auf einmal geben. Dabei klare Sprache, nur wenige kurze Sätze, dabei Blickkontakt zum Kind aufnehmen, Körperberührung und Anweisung oder Aufforderung vom Kind wiederholen lassen. Anweisungen nie von weitem zurufen.
- Übertragen Sie Ihrem Kind altersangemessene Pflichten im Haushalt und kontrollieren Sie, dass diese eingehalten werden. Dadurch fühlt sich ein Kind aufgewertet und lernt schon früh Verständnis für Aufgaben und Pflichten zu entwickeln.
- Hausaufgabenmanagement:
  - geordneter Ranzen
  - ruhiges Umfeld
  - Einteilung in kurze Arbeitszeiträume
  - übersichtlicher Arbeitsplatz
  - geregelter Zeitpunkt
  - kleine Belohnungen (Punktevergabe)

3. Hilfreicher Umgang in der Schule

- Mehr Lob als Kritik, um Selbstwertgefühl zu stärken.
- Angstfreie Lernatmosphäre.
- Übertragung angemessener, für das Kind realisierbarer Aufgaben in der Schule.
- Möglichst wenig ablenkende visuelle und auditive Reize im Unterricht.
- Möglichst Sitzplatz in Lehrernähe.
- Tägliche Hausaufgabenkontrolle und Führen eines Aufgabenheftes mit Hilfe der Lehrkraft.
- Maßstäbe dem beeinträchtigten Leistungsvermögen anpassen.
- Phasen, in denen das Kind auch während des Unterrichtes durch Bewegung innere Erregung abbauen darf (z.B. Tafelwischen, Kreide holen etc.)

Spezielle Trainings bei Kindern mit Verhaltensproblemen und ADHS (evtl. mit therapeutischer Begleitung)

Problemlösetraining

Das Kind soll lernen, Probleme zu erkennen und Strategien zu entwickeln, mit diesen sinnvoll umzugehen. Ein Problem kann dabei schrittweise durch „Abarbeiten" folgender Fragen, die sich das Kind selbst stellen und beantworten soll, gelöst werden:

1. Was ist passiert? Was ist mein Problem?
2. Was kann ich tun? Welche Möglichkeiten habe ich?
3. Welche Folgen hätte mein Handeln?
4. Wie handele ich am besten?
5. War das gut, wie ich gehandelt habe?

Ärgerkontrolltraining

Kinder sollen lernen, nicht im Rahmen ihres Ärgers in blinde Wut zu geraten. Sie sollen lernen, ihre Gefühle zu erkennen und damit angemessen umzugehen.

1. Wie geht es mir? Ärger!
2. Was ärgert mich? Bestimmte Gedanken, die ich in dieser Situation habe.
3a. Was kann ich tun? Prüfen, ob die Gedanken richtig sind und diese ändern.
3b. Strategien der Selbstberuhigung: Tief durchatmen, Selbstinstruktion: „Ich bleibe ruhig", den Problemschauplatz verlassen, die Verminderung des Ärgers abwarten.

Selbstmanagement

Das Kind soll lernen:

1. Ziele für das eigene Verhalten zu formulieren.
2. sich selbst zu beobachten, ob diese Ziele erreicht wurden.
3. sich selbst zu belohnen, wenn das Ziel erreicht wurde.

Selbstinstruktionstraining

Hierdurch kann das Kind lernen, Aufgabenabläufe, die ihm schwer fallen einzuüben: Technik des „Lauten Denkens": Das Kind spricht die Fragen und zugehörigen Antworten zunächst laut vor sich hin, wie im Selbstgespräch. Wenn es gelernt hat, auf diese Art Aufgabenabläufe zu bewältigen, können diese Selbstinstruktionen zunächst nur noch geflüstert werden, im weiteren Verlauf werden sie nur noch leise gedacht.

1. Was soll ich tun?
2. Wie ist mein Plan?
3. Was mache ich als erstes?
4. Was mache ich als nächstes? (Schritt für Schritt gemäß Plan)
5. Habe ich es gut gemacht? Lob

Aufgaben zu den Arbeitsblättern 6b/6c

Zu Arbeitsblatt 6b:

Wie könnten Sie Ihr Kind unterstützen, die Hausaufgaben zu bewältigen?

....

....

....

....

Welche Pflichten im Haushalt könnte Ihr Kind übernehmen?

....

....

....

Zu Arbeitsblatt 6c:

In welcher Situation könnte für Ihr Kind eines der Trainings hilfreich sein?

....

....

....

Formulieren Sie die Schritte für

a) eine Ärgerkontrolle

....

....

....

b) Selbstinstruktionen bei Hausaufgaben

....

....

....

c) ein Problemlösetraining Ihrer Wahl

....

....

....

Medienerziehung

Kinder können nicht vor Gefahren aus Medien (Fernsehen, Videos, Internet, PC-Spiele, Video-Spiele etc.) vollständig geschützt werden, sie können aber lernen, sinnvoll mit Medien umzugehen. Im Kinderzimmer sollte auf Fernseher und PC verzichtet werden.

In den **ersten beiden Lebensjahren** lernen Kinder erst allmählich mit Sprache umzugehen und diese zu verstehen. Eine sichere Unterscheidung zwischen Wirklichkeit und Fiktion ist noch nicht möglich. Fernseh- und Videobilder sind als bewegte Bilder schon für ganz junge Kinder faszinierend, sie verstehen die Inhalte jedoch noch nicht. Lernen durch Imitation ist in diesem Alter sehr wichtig (auch wichtiger Weg für den Spracherwerb). Daher sollten Filme in „Babysprache" vermieden werden, da diese kein günstiges Sprachvorbild sind.

Empfehlung:
- Kinder in den ersten beiden Lebensjahren brauchen kein Fernsehen. (Teletubbies sind überflüssig!)

Im **3.-5. Lebensjahr** beziehen Kinder das aus ihrer Umgebung Wahrgenommene auf sich: z.B. scheint die Sonne, damit sie es warm haben. Auch hier ist eine Unterscheidung zwischen Wirklichkeit und Fiktion noch nicht sicher möglich. Fernsehinhalte werden auch in diesem Alter oft nicht verstanden, auf sich selbst bezogen oder als wirklich erlebt, obwohl sie fiktiv sind. Daher können durch ungünstige Sendungen Verwirrung und Ängste entstehen. Oft entlädt sich solche Anspannung durch Unruhe nachdem der Film zu Ende ist.

Empfehlung:
- Kinder sollten nur kurze Zeit pro Tag vor dem Fernsehen verbringen (z.B. maximal 30 Min.), denn Kinder brauchen nach dem Fernsehen Gelegenheit, Eindrücke und Gefühle im Spiel zu verarbeiten.
- Eltern sollten kindgerechte Sendungen auswählen – je nach Alter – zusammen mit dem Kind (z.B. Sendung mit der Maus, Löwenzahn, Sesamstraße). Zeichentrickfilme sind oft sehr hektisch und gewaltträchtig. Sie bewirken oft eine starke Anspannung und Erregungsstauung, die Kinder anschließend im Spiel bewältigen müssen.
- Eltern sollten die Sendungen immer zusammen mit ihren Kindern ansehen um angstauslösende oder verwirrende Szenen sofort besprechen zu können. Fernsehen, ohne dass Eltern wissen, was die Kinder sehen, sollte nie als Babysitter missbraucht werden.

Im **Grundschulalter** können Kinder zwar meist schon gut zwischen Realität und Fiktion unterscheiden. Trotzdem können auch sie durch Filme geängstigt und verwirrt werden. Sie können mit der Zeit verstehen, dass Medien Gefühle erzeugen können, auch wenn es sich bei dem Film um Fiktion handelt.

Empfehlung:

- Wenn man mit Kindern kleine Geschichten mit der Videokamera selbst in Szene setzt, fördert dies das Verständnis für filmerische Fiktion.
- Gemeinsames Erstellen von Fernsehplänen für eine Woche mit den Kindern anhand der Fernsehzeitung. Dabei sollten Wünsche der Kinder weitestgehend akzeptiert werden. Überwältigend ängstigende Gewaltdarstellungen sollten jedoch vermieden werden. Medieninhalte, die Sie als ungünstig für Ihre Kinder erachten, sollten Sie zunächst zusammen mit Ihren Kindern ansehen um ihnen zur Seite zu stehen. Sollte sich Ihre Einschätzung, dass ihr Kind emotional überfordert wurde, bestätigen, so vermeiden Sie zukünftig den Konsum dieser Inhalte (nach einem Gespräch mit Ihren Kindern), bis Ihr Kind durch die weitere Reifung besser in der Lage ist, die betreffenden Inhalte zu verarbeiten. Bieten Sie Ihrem Kind in dieser Situation andere Aktivitäten an, die Sie gemeinsam mit Ihrem Kind durchführen können.
- Bildschirmzeitkonten können die Verantwortungsfähigkeit, Fernseh-, Videospiel- und Computerkonsum selbst zu strukturieren, fördern (z.B. 7 Stunden pro Woche, aufgeteilt durch das Kind).
- Auch in diesem Alter sollten Eltern als Ansprechpartner für ihre Kinder auch bezüglich Medieninhalten zur Verfügung stehen.

Dadurch dass Kinder den Medien nicht schutzlos ausgeliefert werden, sondern altersangepasst von ihren Eltern begleitet werden, können sie allmählich lernen, eigenverantwortlich mit Medien umzugehen. Sie können ihre Vorlieben und Abneigungen kennen lernen und sie lernen ihre Auswahl zu treffen. Auch für die **Internetnutzung** gilt, dass Eltern ihre Kinder begleiten müssen, um sie vor menschenverachtenden Gewaltdarstellungen und Pornoinhalten zu schützen. **Video- und PC-Spiele**, in denen virtuelle Figuren gequält, getötet oder zerstört werden, sollten Eltern von ihren Kindern fernhalten. Sprechen Sie mit Ihren Kindern über Ihre Bedenken und begründen Sie Ihre Einwände.

Auch **jenseits des Grundschulalters** sollten Eltern den Medienkonsum ihrer Kinder im Auge halten. Die Kinder / Jugendlichen müssen jedoch zunehmend die Möglichkeit haben, wesentlich eigenverantwortlicher ihren Mediengebrauch zu strukturieren.

Alternativen zu Bildschirmmedien

Um den Wunsch nach maßlosem Bildschirmkonsum zu mindern, sollten Eltern ihre Kinder mit vielen anderen Freizeitgestaltungen bekannt machen: Vorlesen, Lesen (!!), Spielen, Gesellschaftsspiele, Basteln, Musik machen, Malen, freies Spiel draußen u.s.w. Die Entwicklung einer positiven Beziehung zum Kind (siehe Gruppensitzung 1 bis 3) ist außerdem ein wirkungsvoller Schutz vor Maßlosigkeit im Umgang mit Medien.

Aufgaben zu den Arbeitsblättern 7a/7b

Beschreiben Sie Ihr eigenes Fernseh- und Medienverhalten.
Welches Vorbild leben Sie diesbezüglich Ihren Kindern vor?

....

....

....

....

....

....

....

....

Was möchten Sie hinsichtlich des Fernsehens, des Videospiel-
und PC- Konsums in Ihrer Familie anders gestalten?

....

....

....

....

....

....

....

....

Entwickeln Sie mit Ihren Kindern einen Fernseh-Wochenplan

....

....

....

....

....

....

....

Spielarten:
- Regelspiele (Gesellschaftsspiele, Kartenspiele, etc.)
- Rollenspiele (Puppenspiele, Cowboy und Indianer, Räuber und Gendarm, etc.)
- Schreibspiele(z.B. Stadt-Land-Fluss, Onkel-Fritz-sitzt-in-der-Badewanne)
- Denk- / Legespiele (Puzzle, Mosaikplatten, Steckspiele, etc.)
- Geschicklichkeitsspiele (Jojo, Diabolo, Murmeln, etc.)
- Gedächtnisspiele (Kim-Spiele, Kofferpacken, etc.)
- Bau- / Konstruktionsspiele (Lego, Bauklötze, etc.)
- Bewegungsspiele (Fangen, Verstecken, etc.)
- Spiele mit Musik (Reise nach Jerusalem, etc.)
- Kreatives Basteln (Malen, Kleben, Kneten, Schneiden, Falten, etc.)

Funktionen des Spiels
- Lernfaktor (spielerisches Lernen, Entdecken der Umgebung, neue Fähig- und Fertigkeiten kennen lernen, etc.)
- Spaßfaktor (Spielen soll Freude bereiten, für Entspannung sorgen, u.Ä.)
- Förderung des Sozialverhaltens (über das Spielen entwickeln sich Freundschaften, Lernen der Auseinandersetzung mit der Umwelt über das Spiel, Aufarbeitung von Alltags- und/oder Problemsituationen im Rollenspiel, es zählt nicht immer das Gewinnen, sondern das Miteinander, u.Ä.)
- Abbau von Aggressionen / Aufbau von Entspannung (Spielen soll Freude bereiten, im Spiel kann man „sich gehen lassen", Spiel sollte immer ein Wechsel von positiver Spannung und Entspannung sein)
- Auseinandersetzung mit der Umgebung / des sozialen Umfeldes (Gerade in den früheren Lebensjahren fördert Spielen die Erkundung der Umwelt und seiner Grenzen.)

Spielmaterialien
- Spielmaterial soll die Neugierde / Phantasie fördern, experimentelles Spielverhalten anregen, neue Fähig- und Fertigkeiten fördern.)
- Spielzeug sollte aus abwaschbaren, giftfreien Materialien bestehen, robust sein, möglichst aus natürlichen Materialen gefertigt sein
- Spielzeug sollte einen Aufforderungscharakter haben; z.B. farbenfroh – aber nicht überladen sein und möglichst viele Sinne ansprechen
- Unter- bzw. Überforderung des Kindes vermeiden, Altersempfehlungen sowie Spieldauer auf den Verpackungen beachten
- Spielzeug sollte sowohl für das Einpersonen- als auch für das Mehrpersonenspiel geeignet sein
- Das Spiel bzw. Spielzeug sollte einen ausgeglichenen Spannungsbogen (Wechsel zwischen Anspannung und Entspannung) ermöglichen
- Spielmaterial kann auch gemeinsam mit dem Kind erfunden und hergestellt werden

Aufgaben zu Arbeitsblatt 8

Wie viel Spielzeug befindet sich im Kinderzimmer Ihres Kindes?

Ist es Ihrer Meinung nach:

     zu viel   genau richtig   zu wenig

Mit welchem Spielzeug spielte Ihr Kind in den letzten zwei Monaten am liebsten?

....

....

....

....

....

Wie oft spielen Sie mit Ihrem Kind?

a) jeden Tag mehrere Stunden   d) am Wochenende

b) jeden Tag eine Stunde   e) gar nicht (welche Gründe)

c) 2-3 mal die Woche

....

....

Überlegen Sie, womit spielen Sie am liebsten mit Ihrem Kind?

....

....

....

....

Womit weniger?

....

....

....

....

Sucht

Dinge, die süchtig machen können, verhelfen uns zu scheinbarem Wohlbefinden, fördern die Entspannung, lassen uns besser denken, helfen uns abzuschalten, zu vergessen, abzuheben, etc. Sie unterstützen uns, unangenehme Gefühle und Situationen oder ähnliches zu verdrängen. Werden sie maßvoll angewendet, sind sie sinnvoll, um in gewissen Lebenssituationen Abstand zu gewinnen. Vorsicht ist allerdings geboten, wenn sich schleichend hieraus Gewohnheiten bis hin zu abhängigen Verhaltensweisen entwickeln. Wenn Sie nicht mehr in der Lage sind, frei zu entscheiden, ob Sie eine Tätigkeit ausüben, ein Mittel zu sich nehmen wollen oder nicht, wenn Sie durch einen sogenannten inneren Drang „fremdgesteuert" werden, ist aus einer gewohnten Handlung ein Abhängigkeitsverhältnis – eine Sucht – entstanden.

Einflussfaktoren für Suchtverhalten

- die PERSÖNLICHKEIT eines Menschen, seine (angeborenen) Charakteranlagen

- der ZUFALL: leichter Zugang zum „rettenden" Stoff, unglücklicherweise dann, wenn zufällig mehrere Faktoren ungünstig stehen

- die ERZIEHUNG und deren Auswirkungen (erlernte Verhaltensweisen, Modell-Lernen, Erziehungsstile, die das Selbstwertgefühl untergraben: Demütigung und Vernachlässigung)

- das UMFELD: Familie, Freizeit, Wohnsituation, Schule, Beruf, Vorbilder, Peer-Group etc.

Suchtprävention

Empfehlungen, um späteres Suchtverhalten bereits in frühester Kindeserziehung zu vermeiden

- Förderung des Selbstwertgefühls (Akzeptanz der eigenen Persönlichkeit „Ich bin wie ich bin" – „Du bist wie du bist" und das ist okay!)

- Unterstützung von eigenem kindlichen Willen (Akzeptanz unterschiedlicher Meinungen, Bedürfnisse, Persönlichkeiten; hier ist es wichtig, dass auch die eigenen Bedürfnisse nicht vergessen werden. Häufig hilft es, einen Kompromiss zu finden.)

- Gefühle zulassen (sowohl die eigenen zulassen, als auch die Gefühle anderer respektieren)

- Bereitschaft signalisieren, über alles sprechen zu können (Vertrauensbasis aufbauen; es muss über wirklich alles – angstfrei – gesprochen werden können. Hier ist es wichtig, ein Gespräch nicht zu erzwingen. Üben Sie darin selbst Geduld, lassen Sie sich und Ihrem Kind die Muße, einen geeigneten Zeitpunkt für ein Gespräch zu finden, (siehe auch Arbeitsblätter zur ersten bis dritten Gruppensitzung)

- Förderung der Selbständigkeit und -verantwortung (positive Fähig- und Fertigkeiten hervorheben und loben; Vermeiden Sie die negative – erniedrigende – Hervorhebung von Fehlern. Das Kind ist nicht gleich „schlecht", weil es einen Fehler gemacht hat. Unterstützen Sie Ihr Kind darin, das fehlerhafte *Verhalten* zu ändern, wieder gutzumachen – statt seine *Persönlichkeit* anzugreifen.)

- Konfliktfähigkeit entwickeln (die eigene Meinung zählt, die der anderen sollte auch respektiert werden; Kritik sollte positiv, konstruktiv genutzt werden, um den eigenen „Horizont" zu erweitern)

- Eigenaktivität (Kinder sollten altersentsprechend gefördert werden. Das, was sie selbst erledigen können, können sie auch selbst erledigen. Solange Spielen oder Experimentieren nicht gefährlich wird, sollten Sie Ihre Kinder in einem gewissen – sicheren Rahmen – gewähren lassen.)

- Erlebnisfähigkeit (Die Freizeit der Kinder sollte aktiv gestaltet werden – weg von der passiven Konsumwelt; es sollte allerdings kein Animationsverhalten entstehen. Ein Zuviel an gemeinsamen Aktivitäten kann auch wieder zur gegenseitigen Abhängigkeit führen. Ihr Kind braucht auch seine Freiräume – genau wie Sie!)

Aufgaben zu den Arbeitsblättern 9a/9b

Zu Arbeitsblatt 9a:

Überprüfen Sie, welche Mittel oder Tätigkeiten Ihnen helfen, um aus unangenehmen Situationen zu fliehen.

....

....

....

....

....

....

....

Zu Arbeitsblatt 9a:

In welchen Situationen helfen Ihnen bevorzugte Mittel oder Tätigkeiten zu entspannen oder Ruhe zu finden (z.B. Zigarette nach dem Essen, Bier nach einem Streit, Fernsehen, etc.)?

....

....

....

....

....

....

....

Welche Alternativen hätten Sie?

....

....

....

....

....

....

Geschwisterkonflikte

Ältere Geschwister reagieren auf neues Baby

- ältere Geschwister können sich vom „Thron gestoßen" fühlen: bisherige Einzelkinder, die bisher ungeteilte Aufmerksamkeit erhielten, werden plötzlich deutlich weniger beachtet. Auch eine noch so gute, einfühlsame Vorbereitung der älteren Geschwister auf das Baby kann – je nach Alter – zu ausgeprägten Eifersuchtsreaktionen führen.

- Eifersuchtsreaktionen können aggressiven Charakter haben (das Baby wird offenkundig abgelehnt oder attackiert) oder eher regressiven Charakter haben (das ältere Kind nässt wieder ein, will gewickelt werden, verfällt in „Babysprache" etc.). Diesen Eifersuchtsreaktionen liegt das verständliche Bedürfnis zugrunde wieder mehr geliebt und beachtet zu werden.

- möglicher Umgang mit diesen Reaktionen:
  - ruhig bleiben und versuchen diese Reaktionen zu verstehen als etwas Natürliches und Normales, Achtung : manchmal kann auch Neugier des älteren Kindes mit Eifersucht verwechselt werden
  - ältere Geschwister möglichst häufig am Kontakt zwischen Eltern und Baby teilhaben lassen (beim Wickeln helfen, beim Stillen dabeisein)
  - gesonderte Zuwendungszeiten mit dem älteren Geschwisterkind verabreden
  - je nach Alter – dem älteren Geschwisterkind die Sachsituation im Gespräch immer wieder erklären (das Baby bleibt in der Familie, das Baby wird auch geliebt, das große Kind wird auch weiterhin geliebt (wichtig ist, dies auch zu zeigen, jeden Tag, so oft es möglich ist), das große Kind kann schon helfen (Lob) etc.)

Ältere Geschwister streiten miteinander

- Geschwisterstreit ist grundsätzlich normal

- häufiger Geschwisterstreit kann jedoch die Ursache in dem Wunsch nach mehr elterlicher Aufmerksamkeit haben.

- möglicher Umgang mit häufigem Geschwisterstreit:
  - elterliche Aufmerksamkeit und Zuwendung überdenken
  - vermehrt Zuwendung in „friedlichen Zeiten"
  - wenn möglich, auf Streit nicht reagieren
  - alternativ, vor allem bei heftigem Streit mit Verletzungsgefahr: ruhig die Streitenden trennen und für jeden separate Auszeit anwenden
  - alternativ, bei moderatem Streit ohne Verletzungsgefahr: die Streitenden ermutigen den Konflikt selbst zu lösen
  - Versuch, die Entstehung des Konfliktes zu klären, aber erst nach Beendigung des Streites

Trennung / Scheidung / Alleinerziehung

Umstellung auf die neue Lebenssituation

- Verarbeiten der Trennungssituation (evtl. psychotherapeutische Hilfe)
- Unterstützung der Kinder in der eigenen Problemverarbeitung (s.u.)
- Klärung der finanziellen Situation (Unterhalt, Versorgungsausgleich, Krankenversicherung, Altersvorsorge u.Ä.)
- Klärung der sozialen Situation (nahestehender Personenkreis)
- ggf. Aufbau einer eigenen beruflichen Identität
- Umstellung der Sichtweise bei Problemstellungen (Übernahme von zwei Positionen / Rollen, da der bisherige Partner nicht mehr vorhanden ist)
- Klärung rechtlicher Probleme (Umgangsrecht, Besuchsrecht)
- Klärung der Kinderbetreuung
- Bereitschaft für eine neue Partnerschaft entwickeln?

Häufige Belastungssituationen im Rahmen einer Trennung/ Scheidung

- Veränderung des gesellschaftlichen Standes (oft negative Auswirkungen von Seiten des sozialen Umfeldes); Gefahr: sozialer Abstieg
- Einschränkung des finanziellen Rahmens (für Frauen bedeutet dies oft Inanspruchnahme öffentlicher Hilfen)
- Psychische Belastung der Kinder durch die Trennungssituation
- Psychische Belastung der ehemaligen Partner, die Streitigkeiten im Trennungsverfahren verschärfen können (Ausspielen von Machtpositionen, z.B. Umgangsrecht contra Unterhalt)
- Abwertung der persönlichen Identität durch den Trennungspartner
- rechtliche Auseinandersetzungen

Empfehlungen

- Nehmen Sie Ihren Kindern / Ihrem Kind die Angst, Schuld an der Trennung zu sein: Offenheit gegenüber Kindern, klärende Gespräche führen
- In Gegenwart der Kinder offenen Streit mit dem Ex-Partner vermeiden
- Streit zwischen den Ex-Partnern darf nicht über die Kinder ausgetragen werden!
- Nach der Trennung sollten Sie versuchen, Ihr Leben entsprechend Ihrer Bedürfnisse (und der der Kinder) zu leben (die Freude am Leben zurückgewinnen, Spaß haben, positive Aktivitäten bevorzugen, etc.)
- Sie sollten versuchen, die positiven Aspekte der Trennung zu betrachten

---

Sexualität vor der Pubertät

Kinder können schon im ersten Lebensjahr sexuelle Empfindungen und Reaktionen zeigen. Das ist normal. Oft kommt es schon bei 2-jährigen Jungen und Mädchen zu selbstbefriedigenden Handlungen. Auch das ist völlig normal und muss von uns Eltern akzeptiert werden. Verbote oder Bestrafungen sind für die seelische Entwicklung des Kindes schädlich und müssen unterbleiben. Kinder haben ein Recht, gemäß ihres Wissensbedürfnisses sachlich über Sexualität (auch von ihren Eltern) informiert zu werden.

Kinder sollten jedoch dann, wenn sie sich für Sexualität zu interessieren beginnen, folgende *Haltungen zur Sexualität*, die die Achtung vor der *sexuellen Selbstbestimmung* jedes Menschen vermitteln, kennenlernen:

1) Sexualität ist normal. All jene *sexuellen Handlungen* sind in Ordnung, mit denen alle Beteiligten einverstanden sind, vorausgesetzt, dass die Beteiligten gemäß ihres Reifegrades auch bewusst zustimmen oder ablehnen können und vorausgesetzt dass bei den Beteiligten eine gleichgewichtige Entwicklung besteht.

2) Sexualität ist etwas Privates, d.h. Spielen an den eigenen Geschlechtorganen und *Selbstbefriedigung* ist normal und in Ordnung, aber nur ohne Zuschauer.

Viele Kinder erkunden sich und andere Gleichaltrige in Form sogenannter *Doktorspiele* im Alter zwischen 4 und 5 Jahren. Auch das ist normal, sowohl Jungen als auch Mädchen erkunden so die Geschlechtsorgane Gleichaltriger im gleichgeschlechtlichen oder gegengeschlechtlichen „Doktorspiel". Gleichgeschlechtliche Doktorspiele haben nichts mit Homosexualität im Erwachsenenalter zu tun.

Schutz vor sexuellem Missbrauch

Alle Kinder brauchen Nähe und Wärme, viele Kinder (nicht alle) kuscheln oder schmusen gern. Dieser positive warmherzige nicht-sexuelle Körperkontakt zu ihren Eltern ist für Kinder wichtig. Die Grenze zum sexuellen Missbrauch wird von Erwachsenen überschritten, wenn sie gezielt Körperkontakt zu Kindern suchen, um sich sexuell zu erregen. Diese Erwachsenen sollten sich einer psychotherapeutischen Behandlung unterziehen. Sexueller Missbrauch geschieht viel häufiger durch Erwachsene (meist Männer) aus dem familiären oder nachbarschaftlichen Umfeld der Kinder als durch den unbekannten Erwachsenen, der Kindern auflauert.

Eltern können ihre Kinder darin unterstützen, zu lernen, dass

- andere Menschen die *Gefühle der Kinder respektieren* müssen
- Kinder *über ihren Körper selbst bestimmen* dürfen
- Kinder bei schlechten Gefühlen, die ihnen durch andere Menschen gemacht werden, *„Nein!" sagen* dürfen
- Kinder sich bei schlechten Gefühlen, die ihnen durch andere Menschen gemacht werden, *Hilfe durch andere holen* dürfen
- Kinder *sich bei Geheimnissen*, die ihnen ein schlechtes Gefühl machen, anderen Vertrauenspersonen *offenbaren* dürfen (das ist kein Petzen!)

Welche Empfindungen, Fähigkeiten und Bedürfnisse hat ein Kind?

Erstes Lebensjahr

Wahrnehmungsfähigkeiten
- Sehen, Hören, Riechen, Schmecken, Fühlen von Geburt an
- Objektpermanenz (Gewissheit, dass eine Person oder ein Gegenstand weiter existiert, auch wenn man sie/ihn nicht mehr sieht) ab etwa 8 Monaten
- Entwicklung von Körpergefühl und motorischen Fähigkeiten durch Erspüren des eigenen Körpers in Verbindung mit visueller Kontrolle

Sprache
- Lernen durch Hören vom ersten Lebenstag, allmähliches Nachahmen (Lautieren ab etwa 8 Wochen)

Gefühle
- Ekel, Überraschung, Neugier schon im ersten Lebensmonat
- Freude mit 6 Wochen
- Traurigkeit und Ärger mit 3 Monaten
- Furcht mit 6 Monaten
- Teilen von Gefühlen mit anderen ab ca. 7 Monaten

Bewegung
- Greifen ab 3 Monaten (Erkunden der Umwelt durch „Begreifen" und „Belutschen")
- Drehung vom Rücken auf den Bauch ab ca. 6 Monaten
- Krabbeln ab 9 Monaten
- Selbständiges Hinsetzen ab 9 Monaten
- Freies Laufen ab 12 Monaten

Bedürfnisse
- viel Schlaf (anfangs bis zu 20 Stunden, gegen Ende des ersten Lebensjahres 12-14 Stunden)
- Gefüttert werden (Hunger als unangenehmes Gefühl kann nur mit Schreien beantwortet werden), ideal: Stillen
- Getragen werden (Tragling), intensiver Körperkontakt, gestreichelt werden,
- freundliches Verständnis, sprachlicher Kontakt

Welche Empfindungen, Fähigkeiten und Bedürfnisse hat ein Kind?

Zweites und drittes Lebensjahr

Wahrnehmung und Denken

- kann Gefühlszustand der Bezugsperson über Blickkontakt erkennen
- erste gedankliche Vorentwürfe mit 18 Monaten
- Fähigkeit nach Farbe, Gestalt und Größe zu ordnen mit 2 Jahren
- Prälogisches Denken: kann noch nicht sicher Zusammenhang zwischen Ursache und Wirkung erkennen, noch kein Mengenbegriff
- Magisches Denken
- Gewissensentwicklung ab 3 Jahren

Bewegung

- zunehmende feinmotorische Fähigkeiten (nimmt Dinge auseinander, baut Bauklotztürme, kritzelt mit Stift)
- läuft zunehmend sicher (Erkundungsdrang – Bindungsbedürfnis)

Sprache

- erste Worte mit etwa 12 Monaten (erstes Wortverständnis schon 2-3 Monate früher)
- Zweiwortkombinationen mit etwa 2 Jahren
- „Ich" im Wortschatz ab etwa 2 Jahren
- Fragealter (Wo-Fragen mit 2 Jahren, Wann-Fragen mit 2½ Jahren)

Bedürfnisse

- Bewegung und Erkundung, Gewissheit immer wieder in den „sicheren Hafen" bei Mutter oder Vater zurückkehren zu können
- Bedürfnis nach Loslösung – Bedürfnis nach Bindung (enger Körperkontakt, gehalten werden)
- Wertschätzung, Aufmerksamkeit, Beachtung
- Spiel: zur Entdeckung der Umwelt, Lernbedürfnis, einfache Spieldinge (Steine, Hölzchen, Klötze, Ball, einfache Puppe)
- Beobachtung und Imitation
- Einfache Lieder, Fingerspiele, Geschichten, Bilderbücher
- Wunsch nach Verwirklichung des eigenen Willens und der eigenen Pläne (bei Einschränkung sog. Trotzreaktionen)
- Sexualität: bei manchen Kindern erwacht schon in diesem Alter sexuelle Lust, ablesbar an selbstbefriedigenden Handlungen (das ist normal und muss akzeptiert werden)

Welche Empfindungen, Fähigkeiten und Bedürfnisse hat ein Kind?

Viertes bis sechstes Lebensjahr

Denken und Sprache
- Fragealter (Warum-Fragen mit etwa 3 Jahren)
- Gebrauch von „Du" und „Dein" mit 3 Jahren
- Bericht von eigenen Erlebnissen in ganzen Sätzen und weitestgehend grammatikalisch korrekt mit etwa 4 Jahren
- zunehmendes Interesse an Ursachen und Zusammenhängen
- Fähigkeit, Erfolge auf eigene Anstrengung zu beziehen ab etwa 3 ½ Jahren (Freude an Leistung, Übertragen von altersangemessenen Aufgaben im Haushalt)

Gefühle
- Selbstbewusstsein
- Schuldgefühle mit zunehmender Gewissensentwicklung ab ca. 4 Jahren
- Schamgefühle mit zunehmender sexueller Identifikation ab etwa 5 Jahren

---

Bewegung
- Lebhaftigkeit, sicheres Rennen, Hüpfen, Klettern und Tanzen
- Dreirad mit 3 Jahren, Roller mit 4 Jahren, Fahrrad mit 5 Jahren
- Einbeinstand von 5 Sekunden mit 4 Jahren, über 10 Sekunden mit 5 Jahren
- malt erste „Männchen" mit etwa 3 ½ Jahren, feinmotorische Fähigkeiten, differenziertere Figuren zu malen mit 5 Jahren

---

Bedürfnisse
- intensive Rückmeldung durch Erwachsene (Eltern müssen wissen, wo die Kinder was mit wem machen und sich für das Erlebte der Kinder interessieren)
- viele Spielmaterialien, obwohl auch in diesem Alter hochspezialisiertes „Fertigspielzeug" unnötig ist
- Bewegungs- und Erkundungsmöglichkeiten in der unmittelbaren Wohnumgebung (ideal: „Bullerbü-Situation") mit Spielkameraden
- weiterhin Körperkontakt, Geschichten, Bücher, Lieder, Musik

---

Welche Empfindungen, Fähigkeiten und Bedürfnisse hat ein Kind?

Grundschulalter

Denken und Sprache
- Verwischung zwischen Realität und Phantasie teilweise noch bis zum Alter von 8 Jahren
- gute Erzählfähigkeiten, so dass sich Zuhörer Erzähltes gut vorstellen kann (ohne dabeigewesen zu sein) mit ca. 8 Jahren
- abstraktes Denken ab etwa 9 Jahren
- Zeitgefühl sicherer, Erlernen der Uhr mit 7 bis 8 Jahren

Gefühl
- positive Beziehung zum anderen Geschlecht mit etwa 8 Jahren
- zunehmende Distanz zum anderen Geschlecht ab ca. 9 Jahren
- beginnende innere Distanzierung von den Eltern ab etwa 9 Jahren (Gefahr, dass Eltern Beziehung zu Kindern verlieren)
- Bedürfnis nach Akzeptanz von Gleichaltrigen, Rangordnungen
- Freude an körperlicher Leistungsfähigkeit

Bedürfnisse
- Regelspiele, gemeinschaftliche Aktivitäten, Peer-Group (Musik),
- Unabhängigkeit von Eltern, aber auch Bedürfnis sich auf Eltern verlassen zu können
- Bücher, Mediennutzung, Informationen über die Welt, Kreativität

Pubertät

Seelische Veränderungen und Entwicklungen

- Stimmungsschwankungen mit geringer Kompromissfähigkeit, verstärkte Beschäftigung mit sich selbst und Wendung nach innen.

- Verunsicherung angesichts der körperlichen und emotionalen Veränderungen.

- Hin- und Hergerissensein (Zuneigung zu Eltern/Abgrenzung von Eltern)

- Loslösungsprozess von Eltern und anderen Erwachsenen (oft über den Weg der Ablehnung), Abgrenzung von den Eltern (kulturell, sozial und normativ).

- Platz in der Clique oder Peer-Group mit der Gefahr problematischer Einflüsse

- Entwicklung sexueller Bedürfnisse (Lustgefühle, Masturbation, sexuelle Partnerschaftserfahrungen) und sexueller Identität

---

Entwicklungsaufgaben des Jugendlichen in der Pubertät

- Entwicklung einer Ich-Identität (Sexualität und Partnerschaftsfähigkeit, Akzeptanz der eigenen Person und des eigenen Körpers, emotionale Distanz von den erwachsenen Bezugspersonen, Entwicklung eigener Ansichten und Geisteshaltungen)

- Entwicklung einer Rollen-Identität (Anpassung an gesellschaftliche Vorgaben und Erwartungen wie Schule, Ausbildung, Familie, männliche oder weibliche Rolle)

Pubertät

Elterliche Aufgaben und Haltungen
(diese sind oft ambivalent und widersprüchlich, ähnlich wie Ihre Kinder)

- Gelassenheit und Akzeptanz gegenüber ungewöhnlichem Outfit und ungewöhnlichen Haltungen, jedoch ohne Grenzenlosigkeit (Gewalt und Straftaten oder Haltungen, mit denen sich die Jugendlichen selbst gefährden dürfen Sie nicht akzeptieren).

- Regeln und Absprachen zusammen mit den Jugendlichen formulieren (altersangepasst). Einhalten der Regeln konsequent einfordern (logische Konsequenzen). Regeln jedoch immer wieder der fortschreitenden Entwicklung des Kindes / Jugendlichen anpassen.

- Immer zum Gespräch bereit sein. Elterliche Meinung sagen, auch wenn diese nicht der des Jugendlichen entspricht.

- Bei problematischen Wünschen dürfen und müssen Sie als Eltern Ihre Sorgen äußern, aber – je nach Alter – die Jugendlichen immer mehr eigene Erfahrungen machen lassen (die Jugendlichen müssen immer wieder Gelegenheit haben, Verantwortung für sich selbst zu übernehmen).

- Dabei dürfen Sie als Eltern nicht in Gleichgültigkeit versinken, bleiben Sie am Ball, zeigen Sie Ihrem Kind, dass Sie sich weiterhin für es interessieren, zeigen Sie auch noch in diesem Alter Grenzen auf, wenn diese für Sie bedeutungsvoll sind.

- Üben Sie auch in dieser Lebensphase eine altersangepasste Kontrolle aus. Auch bei einem 15-Jährigen sollten Sie wissen, was er wann, wo, mit wem macht, wenigstens so ungefähr.

- Bei Konflikten versuchen Sie zwischen Sachkonflikten und Beziehungskonflikten (geht es vielleicht um Macht, Aufmerksamkeit, Rache oder Ähnliches) zu unterscheiden.
